Linda Heitmann

Mit Kindern in
Hamburg

Inhaltsverzeichnis

Vorwort

Ob Szene-Bars, Operntipps oder Stadtrundfahrten im Doppeldeckerbus – was viele Leser in Stadtführern suchen, ist für Familien häufig uninteressant. Denn wer mit kleinen Kindern unterwegs ist, legt meist wenig Wert auf das Nachtleben, dafür umso mehr auf Barrierefreiheit für den Kinderwagen.

Für Eltern wird plötzlich relevant, welche Cafés eigentlich Hochstühle oder Wickeltische haben und ob für den Mietwagen irgendwo auch ein Kindersitz zu bekommen ist.

Und die Frage aller Kinderfragen muss in der Freizeit stets zufriedenstellend beantwortet werden können: „Was machen wir heute? Was machen wir heute? Was machen wir heute?" …

Dieser Familien-Stadtführer für Hamburg soll sowohl alteingesessenen Hamburger Familien als auch entdeckungsfreudigen Touristen mit Nachwuchs eine gute Orientierung und praktische Antworten auf sämtliche Fragen bezüglich kindgerechter Unternehmungen, kinderfreundlicher Kultur,

Die Autorin und ihre Tochter hatten viel Spaß beim Erkunden kindgerechter Hamburg-Highlights.

Unterkunft und Mobilität in der Hansestadt bieten. Neben den berühmten Hamburg-Highlights wie Miniatur Wunderland oder dem DOM sind auch zahlreiche Insidertipps dabei: von guten Familienflohmärkten in Bergedorf bis zu kindgerechten Restaurants in Harburg.

Hamburg ist unglaublich vielfältig. Neben Innenstadt und beliebten Szene-Gegenden wie St. Pauli oder Altona gibt es auch in den weniger prominenten Stadtvierteln viel zu entdecken. Ich habe in diesem Stadtführer versucht, dem Rechnung zu tragen und auch lohnenswerte Kultur-, Einkaufs- und Ausflugsziele aufzunehmen, die möglicherweise mehr als zehn Minuten vom Hauptbahnhof entfernt sind. Natürlich kann das jedoch nie vollständig sein! Gerade bei den Spielplätzen verstecken sich garantiert noch einige tolle Abenteuerplätze in den Stadtteilen. Auch ist gerade bei Angeboten für Kinder vieles im Fluss – kindgerechte Cafés und Restaurants eröffnen und schließen erfahrungsgemäß leider relativ häufig.

Einige Tipps liegen kurz hinter der Hamburger Stadtgrenze. Zentrales Kriterium war dabei stets, dass sie mit den öffentlichen Verkehrsmitteln im HVV-Großgebiet noch erreichbar sein sollten. Für schöne Orte im Grünen lohnt sich aber auch eine etwas längere Anfahrt.

Ich wünsche allen viel Spaß bei der Lektüre und freue mich stets über gute aktuelle Tipps und Anmerkungen (per E-Mail an post@viareise.de), um den Guide immer auf dem neuesten Stand halten zu können. Viel Spaß beim kindgerechten Entdecken der Hansestadt Hamburg!

Linda Heitmann lebt mit ihrer Familie im Hamburger Westen. Zusammen mit ihrer siebenjährigen Tochter hat sie unzählige Orte in der Hansestadt auf Kinderfreundlichkeit getestet und viel Neues entdeckt.

Spaß & Erlebnis
im Grünen

Hamburgs beste Spielplätze bestechen nicht nur durch Spielgeräte, sondern auch mit grandiosen Kulissen. In der HafenCity ankern die Schiffe fast direkt neben der Rutsche.

Abenteuerspielplatz HafenCity
▸ Seite 9

„Ein Kind braucht Bewegung und frische Luft!" – diese ewige Weisheit der Großeltern-Generation bleibt meist unwidersprochen, denn tatsächlich gibt es bei gutem Wetter kaum einen Grund, mit Kindern im Wohnzimmer hocken zu bleiben. Gerade Hamburg als ausgesprochen grüne Großstadt bietet viele tolle Angebote im Freien – von erlebnisreichen Spielplätzen über tolle Parks bis hin zu Badeseen und Streichelzoos. In diesem Abschnitt gibt es die Übersicht, wohin sich bei Sonnenschein der Ausflug mit Kindern wirklich lohnt!

Die besten Spielplätze

Für viele Kinder sind sie immer noch die beste Unterhaltung: Spielplätze. Ob schaukeln, rutschen, klettern oder im Sandkasten buddeln – gerade für kleine Kinder ist das lange Zeit das Größte. Und im Regelfall ist es für die Eltern sogar umsonst. Natürlich gibt es in Hamburg unzählige Spielplätze verschiedenster Größen in allen Stadtteilen. Besonders große und schöne Exemplare sind hier beschrieben, da sie durchaus mal einen halbtägigen Ausflug wert sind! Und die größte Sandkiste Hamburgs genießt die ganze Familie: den Elbstrand.

Spielplatz Planten un Blomen (Mitte)

Dieser Spielplatz ist für alle Hamburg-Entdecker unter zehn Jahren (und eigentlich auch danach noch) ein absolutes Muss! Er ist 1973 im Rahmen der damaligen Gartenschau entstanden und seitdem kaum verändert worden. Trotzdem sind fast alle Spielelemente nach wie vor ungewöhnlich und zeitlos modern. An der Ecke zum Eingang der Messehallen gelegen, erkennt

Tipp:
Gleich neben dem Spielplatz Planten un Blomen mit den gelben Bergen gibt es Toiletten mit Wickeltisch und einen Kiosk.

man den Spielplatz schon von weitem an den großen gelb-roten Kunststoff-bergen, auf denen nach Herzenslust herumgeklettert werden darf und von denen es über zahlreiche Rutschen in den Sandkasten geht. Rundherum warten außerdem eine Wasserspiel-Landschaft, Kletternetze, Schaukeln, Schwung-Seile, Brücken, Wippen, Balancier-Elemente und vieles mehr.

Ein leicht abgetrennter Bereich an der nordwestlichen Seite ist speziell auf Kleinkinder bis drei Jahre ausgerichtet, mit Kletter- und Rutschele-menten und einer Wasserpumpe.

Planten un Blomen | Eingang St. Petersburger Straße / Marseiller Straße | S-Bahnhof Dammtor (S11, S21, S31) und ca. 8–10 Min. Fußweg

Spielplatz Wallanlagen (Mitte)

Neben dem großen Spielplatz in Planten un Blomen geht der Spielplatz, der in der riesigen Parkanlage Richtung St. Pauli hin an den Wallanlagen zu finden ist, leider häufig unter. Zu Unrecht: Insbesondere kleine Kletter-Fans kommen an den großen Gerüsten mit Rutschen voll auf ihre Kosten. Zudem gibt es verschiedene Schaukeln, Wasserspiele (Wechselkleidung mitnehmen!) und einen Wickelraum. An der benachbarten Rollschuhbahn kann sich am kleinen Kiosk verpflegt werden. Nicht ganz so spektakulär wie der große Bruder, dafür auch nicht ganz so überlaufen und näher an den St. Pauli-Attraktionen dran.

Zugang über Glacischaussee oder Holstenwall (Höhe Hausnummer 30) | U-Bahnhof St. Pauli (U3) oder Bus 112 bis Handwerkskammer

Abenteuerspielplatz HafenCity

Direkt vom hinteren Ausgang der U-Bahn-Station Überseequartier gelangt man auf den maritim und modern gestalteten Abenteuerspielplatz in der HafenCity, der sich perfekt in seine Kulisse einfügt: Im Hintergrund legen die großen Kreuzfahrtschiffe an und ab und vermitteln dabei Urlaubsflair. Davor buddeln die Kleinen im Sand und turnen auf Schiffen herum. Riesige Kletterlandschaften erinnern hier schon fast an einen Hochseilgarten und machen den Spielplatz auch für ältere Kinder sehr attraktiv. Darüber hinaus gibt es lustige Wasserspiele, die sich durch beherztes Hüpfen in Gang set-zen lassen sowie ein im Boden eingelassenes Trampolin. Viele Holzschiffe mit Rutsch-,

Tipp:
Zur Entspan-nung für die Eltern steht hier am Wochen-ende fast immer ein mobiler **Kaffeeverkäufer.**

Kletter- und Wippelementen erfreuen die Nachwuchskapitäne jeden Alters. Am Rande kann in einem Labyrinth aus Hecken Fangen oder Verstecken gespielt werden.

Dieser Spielplatz passt perfekt als Programmpunkt in einen HafenCity-Besuch, der für alle Hamburg-Besucher ohnehin ein absolutes Muss ist!

Hübenerstraße / Großer Grasbrook |
U-Bahnhof Überseequartier (U4) oder Bus 111 bis Marco-Polo-Terrassen

Spielplatz im Inselpark Wilhelmsburg

Insgesamt fünf Spielplätze sind in Wilhelmsburg im Rahmen der IGS 2013 entstanden, der größte und schönste davon trägt den Namen *Geheimnisvolle Insel* und lockt seine kleinen Besucher schon von weitem mit einem großen Vulkan, von dem eine Rutsche hinabführt. Ein alter Raddampfer ist im Sand versunken, auf großen Frachtkisten und Schildkröten kann gewippt werden. Insgesamt ein netter und besuchenswerter Spielplatz, der sich durch schattige Lage im Hochsommer anbietet, an die Plätze in Planten un Blomen oder der HafenCity bezüglich Spaßfaktor leider aber nicht heranreicht.

Peter-Beenck-Straße und Am Inselpark | S-Bahnhof Wilhelmsburg (S3, S31)

Spielplatz am Planschbecken im Stadtpark (Winterhude)

Mitten im Stadtpark etwas abseits der großen Wiese in Richtung Freiluftbühne lädt ein weitläufiger Spielplatz mit Planschbecken und Sandstrand zum Springen, Klettern, Schaukeln, Wippen und Rutschen ein. Auch Fußballtore und eine Tischtennisplatte für Sportliebhaber sind vorhanden. Wer hier ganz genau hinguckt, entdeckt auf dem Spielplatz ein versunkenes Schiff, Robben und Elefanten! Das Highlight für ältere Kinder sind die lange Seilbahn und riesige Tellerschaukeln.

Nebenan gibt es einen kleinen Kiosk mit Snacks sowie das Café am Planschbecken mit WC und Wickelraum – nasse Kleidung von im Wasser planschenden Kindern kann dort gut gewechselt werden. Wer im Stadtpark unterwegs ist, sollte diesen Spielplatz auf keinen Fall auslassen.

Achtung: Im Hochsommer werden hier ab Mittag die **Schattenplätze** knapp.

Zugang über Saarlandstraße, gegenüber der Straße Alte Wöhr |
S-Bahnhof Alte Wöhr (S1) und ca. 10–15 Min. Fußweg

Ein versunkenes Schiff, viel Sand, Wasser und mehr gibt es zum Spielen im Stadtpark

Robinson- & Dschungelspielplatz Lindenpark (Eimsbüttel) 0+

Ein bisschen versteckt mitten in Eimsbüttel an der Grenze zu Altona findet sich der Spielplatz im Lindenpark. Das Schöne an diesem Platz ist die
liebevolle thematische Gestaltung. Für ganz Kleine gibt es *Robinsons Insel*
mit Schaukeln, Sand, Karussell und etwas gruselig aussehenden Holzköp-
fen auf Stecken. Der *Dschungelspielplatz* mit großem Kletterturm, Rutsche,
Drehscheibe und mehr ist eher für größere Kinder geeignet. Einziger Wermutstropfen dieses Spielplatzes: Man kommt nicht allzu oft dran vorbei –
am ehesten noch lässt sich der Besuch mit einem Bummel übers Schulterblatt im Schanzenviertel verbinden.

Zugang über Lindenallee (Höhe Hausnummer 17) |
U-Bahnhof Christuskirche (U2) oder Bus 15 bis Schulterblatt

Grünes Zentrum Lohbrügge

Unter dem Titel *Grünes Zentrum* sind in der Bergedorfer Parkanlage rund um
den Ziegelteich mehrere kleine Spielplätze miteinander verbunden. Vom
Kletterboot und Mini-Rutsche für kleinere Kinder bis hin zu anspruchs-
vollen Kletternetzen, einer Kletterburg und einer langen Seilbahn für die
Älteren gibt es hier verschiedenste Kinder-Attraktionen. Leider fehlen Kiosk, Café oder andere Angebote für die Begleitpersonen.

Zugang z. B. über Kurt-Adams-Platz |
S-Bahnhof Bergedorf (S21) und dann Bus (12, 137) bis Harnackring

„Anschwung geben! Bis in den Himmel, Mama!" – Das klappt mit den hohen Schaukeln in der Hafen-City sogar fast.

Kieskuhle Rissen

Als Rissener Kieskuhle wird ein riesiges Gelände am westlichen Hamburger Stadtrand bezeichnet, das neben den klassischen Spielplatzelementen wie Rutschen, Schaukeln, Wippen und Klettergerüsten außerdem viel Platz für Sport bietet: Fußball, Volleyball, Basketball und Skaten sind hier auf den entsprechenden Plätzen fest eingeplant. Für alles andere findet sich garantiert auch noch ein Plätzchen. Darüber hinaus gibt es Grillpätze und einen großen hölzernen Pavillon in der Mitte des Platzes, wo sich bei Regen im Notfall untergestellt werden kann.

Am Waldpark | S-Bahnhof Rissen (S1) und 15 Min. Fußweg oder Bus 189 bis Haus Rissen

Spielplatz Alsterwiesen (Ohlsdorf)

Ein bisschen Abenteuer und Wildwest-Feeling bietet dieser weitläufige Spielplatz im Grünen am Alsterlauf. Kletternetze, Kletterburg, großes Karussell, Seilbahn, Grillplätze und mehr gibt es hier zu entdecken. Leider ist der Spielplatz in Klein Borstel nicht allzu zentral. Aber er eignet sich perfekt als Ziel für eine Joggingtour, einen Ausflug mit dem Fahrrad oder mit einem Kanu vom Kanuverleih *Bootsvermietung Töns*.

Tipp: Nebenan lockt das **Café Alsterwiesen** mit Kuchen, Eis und Würstchen. Besonderer Renner sind die hausgemachten Waffeln!

Zugang von der Wellingsbüttler Landstraße (Höhe Hausnummer 77–81) | U-Bahnhof Klein Borstel (U1)

Spielplatz Schemmannstraße (Volksdorf)

Einer der größten und vielleicht auch malerischsten Spielplätze Hamburgs liegt leider ziemlich weit draußen – im beschaulichen Volksdorf hinter dem Amalie-Sieveking-Krankenhaus am Lauf des Flüsschens Berner Au. Die große Ritterburg, Klettergerüste, Drehscheibe, Schaukeln und mehr unterhalten den Nachwuchs auf dem weitläufigen Gelände der gut gepflegten Anlage. Darüber hinaus gibt es hier Grillplätze, Spielfelder für verschiedenste Ballsportarten und auch einen kleinen Kiosk zur Stärkung hungriger Spielfreunde.

Zugang z. B. über Schemmanstraße (Höhe Hausnummer 44) | U-Bahnhof Meiendorfer Weg (U1) und dann Bus 24 bis Eulenkrugstraße

Hamburgs größte

Övelgönne

Eben noch mitten im quirligen Ottensen, 10 Minuten später am Strand! Mit Aussicht auf die Elbe und das geschäftige Treiben im Containerhafen am gegenüberliegenden Ufer. Beim Buddeln, Burgen bauen und Erfrischungen in einer der Beachbars entsteht hier bei sommerlichem Wetter tolles Urlaubsfeeling.

Aber Achtung: Wenn ein Containerschiff vorbeifährt, kann schon mal eine große Welle heranschwappen und die Füße kühlen. Vor allem Eltern kleiner Kinder, die nah am Ufer buddeln, sollten achtsam sein. Für Kinderwägen und Buggys ist der Sand hier leider zu weich, doch wenn man ein Stück tragen mag, beginnt nach circa 150 Metern ein schmaler Asphaltstreifen mitten im Sand an der Uferböschung.

Bus 112 bis Neumühlen/ Övelgönne oder ab Bahnhof Altona (S1, S11, S3, S31) ca. 30 Min. Fußweg

Blankenese

Der Ausflug an den Elbstrand Blankenese lohnt vor allem auch wegen des tollen Weges durch das verschlungene Treppenviertel! Ein malerisches, verwunschenes Haus nach dem anderen reiht sich hier an den Elbhang, begehbar nur über verschlungene Treppenpfade.

Mit Kinderwagen oder Buggy ist das leider wenig reizvoll. Da kann man auch gleich in die Bergziege – so nennen Einheimische die Buslinie 48 – einsteigen, die sich alle 20 Minuten den steilen Blankeneser Elbhang hoch und runter quält. Unten erwartet Familien sehr feiner, weicher Sand, ein Fähranleger (mit Schiffsverbindung ins Alte Land) sowie mehrere nette Cafés zum Verweilen.

Nette Häuschen, nettes Kaffeetrinken, toller Bus-Shuttle: Auch der Blankeneser Strand hat große Pluspunkte für ausflugsfreudige Familien.

Zufahrt über Strandweg | S-Bahnhof Blankenese (S1, S11) und dann Bus 48 bis Blankenese (Fähre)

Sandkisten

Wittenbergen

Ein bisschen weiter ab von der Stadtmitte, dafür fast noch schöner und weniger überlaufen präsentiert sich das Elbufer am westlichen Hamburger Stadtrand. Wer sich hier den Berg hinabgeschlängelt hat, den erwartet eine tolle Leuchtturmkulisse sowie die Möglichkeit, rund anderthalb Kilometer am Strand entlang zu spazieren. Allerdings ist der Strand nichts für Menschen mit Angst vor Vierbeinern: Ein Teil von Wittenbergen ist ausgewiesener Hundestrand.

Eis, ein paar leckere Snacks zwischendurch und auch Toiletten bieten das *Elbecamp* und die *Strandbox*, die noch hinter dem Parkplatz ein ganzes Stück zurückgesetzt ist. Aber ein eigenes Picknick ist eigentlich viel toller. Grillen wird toleriert, rechts vom Parkplatz unter den Bäumen gibt es auch eine Grillstelle. Oder Decke ausbreiten, Nudelsalat rausholen und den Kindern beim Spielen zusehen!

Bus (189, 286) bis Tinsdaler Kirchenweg oder ab S-Bahnhof Rissen (S1) ca. 30 Min. Fußweg

Boberger Dünen

Auch wenn den Boberger Dünen – abgesehen von einem kleinen See – das Wasser fehlt, um ein vollwertiger Strand zu sein, so sind sie doch unbestritten eine von Hamburgs herrlichsten natürlichen Sandkisten! In einem Mix aus Heide, lichtem Laubwald und Marschwiesen lässt es sich hier herrlich laufen, buddeln oder einfach entspannen.

Aber Achtung: Auch hier sind die sandigen Wege mit Kinderwagen und Buggy teilweise schwer befahrbar. Doch wer eine Rückentrage oder lauffreudige Kinder dabei hat, kann den rund sieben Kilometer langen ausgeschilderten Rundweg einschlagen.

Besonders spannend für Kinder ist der Segelflughafen, an dem man dabei vorbeikommt und wo bei gutem Wetter circa im 10-Minuten-Takt Hobbyflieger abheben oder landen. Verpflegung bietet der Dorfkrug am Boberger Furt, wo die Dünen-Tour klassischerweise gestartet und beendet wird.

S-Bahnhof Mittlerer Landweg (S21) und Bus 221 bis Boberger Furtweg

Parks & Gärten

Ein kleines Picknick, ein bisschen Ruhe zwischendurch oder eine entspannte Joggingrunde – alles das ist am besten in einem der zahlreichen Hamburger Parks möglich. Kinder lieben in Parks den Platz zum Spielen und die häufig vorhandenen Spielplätze, Eltern brauchen keine Angst vor dem Straßenverkehr zu haben. Natürlich ist die nachfolgende Auswahl Hamburger Parks und Gärten nicht vollständig, doch sie beschreibt ein paar der schönsten und halbwegs zentralen Orte für entspannte Familienausflüge.

Planten un Blomen (St. Pauli)

Zentral in der Hamburger Innenstadt findet sich mit Planten un Blomen (plattdeutsch für „Pflanzen und Blumen") ein ehemaliges IGA-Ausstellungsgelände, das heute zum Spazierengehen und Erholen einlädt. Japanische Gärten, ein Rosengarten, Wasserlichtspiele in der Dämmerung, kleine Konzerte, nette Cafés und der botanische Garten der Universität machen diesen Park so vielfältig und sehenswert. Für die Kleinsten ist der große Spielplatz während eines Hamburg-Aufenthaltes ein absolutes Muss!

Am westlichen Ende Richtung St. Pauli gibt es außerdem eine Rollschuhbahn, eine Minigolf-Anlage sowie ein Trampolin. Planten un Blomen sollte von Familien unbedingt für mindestens 2–3 Stunden eingeplant werden. Da der Park zentral liegt, lässt sich der Ausflug dorthin mit zahlreichen anderen Aktivitäten in der Innenstadt kombinieren. Leider sind nicht alle Bereiche des Parks barrierefrei. Insbesondere rund um den botanischen Garten gibt es viele Treppen. Der Rest des Geländes ist mit Kinderwagen sehr gut zu erkunden!

Zugang z. B. über Gorch-Fock-Wall oder St. Petersburger Straßenbahnring |
U-Bahnhof Stephansplatz (U1) oder S-Bahnhof Dammtor (S11, S21, S31)

Stadtpark (Winterhude)

Planetarium, Freilichtbühne, Biergarten, Freibad, Spielplätze, Cafés – der Hamburger Stadtpark hat einiges zu bieten und ist mit knapp 150 Hektar der perfekte Erholungsort inmitten von Hauptverkehrsadern. Bei gutem Wetter zieht er viele Hanseaten in seinen Bann. Auf der Hauptwiese zwischen Stadtparksee und Planetarium ist es bei Sonnenschein ordentlich voll mit Picknickern, Leseratten oder Boule-Spielenden. Aber keine Angst: Die Wiese ist riesig, und man findet immer noch ein freies Plätzchen. Kinder können sich hier auf jeden Fall austoben und mitgebrachte Outdoor-Spielzeuge perfekt ausprobieren. Auch der Modellboot-Teich fasziniert kleine Stadtparkbesucher oft stundenlang. Jeder, der selbst ein ferngesteuertes Boot besitzt, darf es hier ausprobieren. Mit seinen schönen Ecken für Spaziergänge und den vielen Freizeitangeboten ist der Stadtpark für Familien auf jeden Fall einen Ausflug wert!

Zugang z. B. vom Jahnring oder der Saarlandstraße |
U-Bahnhof Borgweg (U3) oder S-Bahnhof Alte Wöhr (S1)

Niendorfer Gehege

Nördlich von Hagenbecks Tierpark liegt das Niendorfer Gehege – ein fast 150 Hektar großes Wald-Erholungsgebiet. Auf ausgedehnten Spaziergängen lässt sich hier Damwild beobachten, außerdem gibt es einen Ponyhof sowie ein Waldcafé. Zudem gibt es mitten im Gehege einen großen Spielplatz mit Grillstelle. Für Kinder wird hier somit einiges geboten! Wer genau

Bei Planten un Blomen lassen sich neben Spielplatz, Rollschuhbahn und Minigolfanlage auch die exotischen japanischen Gärten erkunden.

weiß, was er ansteuern will, sollte sich einen Stadtplan besorgen, auf dem mindestens die Hauptwege im Gehege eingezeichnet sind, denn ansonsten kann man sich auf den Wanderwegen von insgesamt circa 15 Kilometern Länge schnell verzetteln.

Zugang z. B. über den Niendorfer Marktplatz | U-Bahnhof Niendorf Markt (U2)

Wohlers Park (Altona)

Klein, aber fein und originell: Am Rande Altonas versteckt sich der kleine Wohlers Park, der in grauer Vorzeit mal ein Friedhof war. Einige verwitterte Steine erinnern daran zwar noch, doch die Stimmung ist hier alles andere als traurig. Der kleine, quadratische Park zieht mit einem Spielplatz und den lichten Wiesen viele Familien, Jogger, Yoga-Gruppen und Rollenspieler an. Bei gutem Wetter picknickt und grillt hier scheinbar halb Altona – Hängematten, Boulespieler und Slacklines finden ihren Platz. Hunde sind

Der große Wasserturm prägt das Bild im Schanzenpark – sowohl beim Rodeln im Winter als auch beim Auf-der-Wiese-Toben im Sommer.

im Park verboten! Ein guter Tipp zum Entspannen zwischendurch, wenn man gerade in Altona, Schanze oder St. Pauli unterwegs ist.

Zugang z. B. über die Wohlersallee |
Bus (20, 25, 115, 183, 283) bis Max-Brauer-Allee (Mitte)
oder Bus 3 bis Sternbrücke

Tipp:
An sonnigen Tagen fährt in der Regel ein mobiler **Kaffeeverkäufer** auf dem Fahrrad umher.

Schanzenpark (Sternschanze)

Eine kleine grüne Oase mittendrin im Hamburger Geschehen bietet der Schanzenpark. In seinem Zentrum thront der weithin sichtbare Wasserturm – mittlerweile nach langen Protesten ein Hotelbetrieb einer großen Betreiberkette. Der Park rundherum ist für die Öffentlichkeit weiterhin nutzbar und erfreut sich großer Beliebtheit. Kinder lieben den Spielplatz mit Seilbahn, Schaukeln und Klettergerüst, im Winter sausen sie mit ihren Schlitten unermüdlich die kleinen Hügel des Parkes hinab. Für Erwachsene hält der Park Boule-Bahnen, Open-Air-Kino im Sommer und nette Joggingrunden bereit. Einfach mal abschalten im Zentrum des Hamburger Geschehens? Ab in den Schanzenpark!

Zugang z. B. über Kleiner Schäferkamp / Ecke Schröderstiftstraße |
S-/U-Bahnhof Sternschanze (S11, S21, S31, U3) oder Bus (115, 181) bis Sternschanze

Volkspark (Bahrenfeld)

Nicht nur für Fußball- und Konzertfans ist der Altonaer Volkspark interessant. Doch dadurch, dass hier ein großes Stadion und eine Veranstaltungsarena inmitten der Bäume nebeneinander liegen, hat er von dieser Klientel am Wochenende und abends besonderen Zulauf. Auf dem 205 Hektar großen Gelände im Hamburger Westen finden sich noch viele andere Highlights für Familien: Café, Biergarten, ein Waldlehrpfad, eine Minigolfanlage und ein bunter Dahliengarten mit rund 40 000 Pflanzen. Außerdem gibt es hier viele Tier- und Vogelarten wie Grünspecht oder Haubenmeise, die sich mit etwas Glück von jungen Forschern beobachten lassen.

In dem dichten Wald kann man trotz der Nähe zu großen Straßen und dem Stadion gute Entspannung und Ruhe finden. Einziger Wermutstropfen: Der Park ist leider nicht optimal an den ÖPNV angeschlossen. Vom Bahnhof Stellingen läuft man mindestens 15 Minuten, ansonsten fahren Busse.

Zugang z. B. über Luruper Hauptstraße oder Stadionstraße |
S-Bahnhof Stellingen (S3, S21) oder Bus (2, 3) bis Stadionstraße

Botanischer Garten Klein-Flottbek

Seit 2012 trägt der Botanische Garten in Klein-Flottbek auch den Namen *Loki-Schmidt-Garten*, da die einstige Kanzlergattin eine begeisterte Botanikerin war und in dieser Anlage viele Stunden ihres Lebens verbrachte. Der Garten ist hübsch gestaltet und in verschiedene Kontinente und Themenbereiche gegliedert, die sich zum Beispiel der Geschichte der Evolution widmen. Neben einheimischen gibt es hier auch tropische Pflanzen zu entdecken. Einige Pflanzenblätter sind deutlich größer als die Kinder selbst.

Tipp: Im **Café Palme** neben dem Gewächshaus gibt es Leckereien wie Eis und Pommes.

Zum Herumtoben oder Picknicken eignet der Park sich allerdings nicht – darüber sollte sich im Klaren sein, wer hier mit Kindern herkommt. Höchstens auf dem Tanz-Glockenspiel kurz hinter dem Eingang rechts darf lustig herumgesprungen werden, um klangvolle Melodien zu erzeugen. Und die riesigen Karpfen können viele Kinder auch nachhaltig beeindrucken. Ob das Ernten von Obst und Gemüse in dem kulinarischen Teil der Anlage eigentlich erlaubt ist, wird nicht ganz deutlich. Auf jeden Fall lässt sich hier begutachten, wie Rosenkohl eigentlich wächst und dass manche Grünkohlpflanze ihre Betrachter deutlich überragt.

Zugang über Ohnhorststraße | tgl. ab 9 Uhr bis eine Stunde vor Sonnenuntergang | S-Bahnhof Klein Flottbek (S1) oder Bus 15 bis Klein Flottbek

Hammer Park (Hammerbrook)

Die 16 Hektar Grünfläche des Hammer Parks mit See, Kräutergarten und großen Wiesen liegen gut versteckt inmitten großer Hauptverkehrsachsen. Umso lauter der Verkehr rauscht, desto wichtiger ist ein Park für Sport und Erholung. Im Hammer Park sieht man immer wieder Fußballer und Volleyball-Begeisterte. Außerdem gibt es hier einen großen Spielplatz, Schachfelder, Tischtennisplatten und Minigolf. Im Sommer darf sogar gegrillt werden. Kurzum: Ein Park, wie Eltern und Kinder ihn sich wünschen. Wer hier in der Nähe unterwegs ist, sollte einen Park-Besuch auf jeden Fall mit einplanen.

Zugang über Sievekingsallee, Caspar-Voght-Straße oder Hammer Steindamm | U-Bahnhof Hammer Kirche (U2) oder Bus 116 bis Elisabeth-Gehölz

Badeseen

Tipp:
Unter **www.hamburg.de/badegewaesser/** gibt es alle aktuellen Infos zu den Hamburger Badeseen.

Während der Westen Hamburgs in Sachen kinderfreundliche Cafés und Läden besonders auftrumpft, gibt es tolle Badeseen in der Hansestadt nur im Osten und Nordosten. Hier darf nach Herzenslust geplanscht werden. Aber Achtung: Nicht alle Seen sind beaufsichtigt und teilweise geht es schnell steil ins Wasser. Kinder, die noch nicht sicher schwimmen, müssen daher gut im Auge behalten werden. Und am besten mit dem ÖPNV anreisen, denn Parkplätze werden bei gutem Wetter an beliebten Seen sehr schnell rar.

Boberger See

Inmitten des Naturschutzgebietes mit den Boberger Dünen (▶ Seite 15) bietet der Boberger See für Schwimmer wie Angler ein lauschiges Plätzchen zur Erholung im kühlen Nass. Für Familien mit Kindern dürfte insbesondere der kleine Sandstrand mit Badestelle am nordöstlichen Ufer spannend sein. FKK-Badende tummeln sich am gegenüberliegenden Ufer. Und wer zum Entspannen oder Picknicken ein lauschiges Plätzchen sucht, findet das selbst an belebten Tagen in den kleinen Waldstücken am Seeufer.

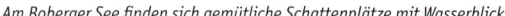

Am Boberger See finden sich gemütliche Schattenplätze mit Wasserblick

Das nordöstliche Ufer des Allermöher Sees eignet sich bestens zum Planschen und Schwimmen

Vorsicht auch hier mit Kindern, die noch nicht sicher schwimmen können: Der Untergrund ist relativ weich und schlammig, teilweise geht es sehr plötzlich tief ins Wasser hinein. Leider ist dieser See weder mit dem ÖPNV noch mit dem Auto besonders gut erreichbar. Man sollte immer einplanen, circa anderthalb Kilometer zu Fuß laufen zu müssen. Doch unter Umständen ist gerade das auch der große Vorteil: Denn im Gegensatz zu Badeseen mit direkt angrenzendem Parkplatz ist es hier fast nie überfüllt.

Billwerder Billdeich (Höhe Hausnummer 141) |
S-Bahnhof Mittlerer Landweg (S21) und dann Bus 330 bis Billwerder Kirche

Allermöher See

Im Rahmen der Kiesgewinnung für das direkt angrenzende Neubaugebiet Allermöhe-Ost wurde in den 80er-Jahren der Allermöher See ausgehoben, der an seiner tiefsten Stelle 16 Meter ins Erdreich geht. Gebadet werden kann am besten am nordöstlichen Ufer, wo auch ein kleiner Sandstrand ist. Rote Bojen markieren im vorderen Teil einen flachen Nichtschwimmerbereich, sodass Familien auch mit kleinen Kindern herrlich planschen können. Doch direkt hinter den Bojen wird es teilweise sehr schnell tief, daher ist mit den Kleinen stets Vorsicht geboten, wenn sie noch keine sicheren Schwimmer sind. Erfreulicherweise gibt es aber seit 2015 eine Badeaufsicht durch Ehrenamtliche, die sich zu Rettungsschwimmern haben ausbilden lassen.

Im Gewässer tummeln sich diverse Fische, am westlichen Ufer darf auch geangelt werden. Für kleine und große Wasserratten lohnt sich dieser See auf jeden Fall, an heißen Tagen ist es aber natürlich auch entsprechend voll.

Elly-Heuss-Knapp-Ring (Zugang Höhe Hausnummer 80) |
S-Bahnhof Bergedorf (S21) und dann Bus 234 bis Hilda-Monte-Weg

Öjendorfer See

Unter den beliebten Hamburger Badeseen ist der Öjendorfer eindeutig das Freizeitparadies, denn hier lässt sich nicht nur planschen, sondern nahebei auch Minigolf, Riesen-Schach oder Tischtennis spielen. Spielplatz und Grillzone sind ebnfalls nicht weit. Außerdem gibt es an der Wiese des Sees, der inmitten des beliebten Öjendorfer Parkes liegt, einen Kiosk mit verschiedenen Snacks und Getränken.

Natürlich darf auch an diesem See gebuddelt werden: Zwischen Liegewiese und Wasserkante ist ein etwa fünf Meter breiter Sandstreifen. Dahinter geht es flach ins Wasser, der Nichtschwimmer-Bereich ist im Sommer durch kleine Bojen abgegrenzt. Auch wenn die ÖPNV-Anbindung wie bei allen Hamburger Badeseen auch hier ein bisschen umständlich ist, so lohnt sich die Reise doch allemal, um bei heißem Wetter eine kinderfreundliche Abkühlung im Grünen zu genießen.

Driftredder 1 | U-Bahnhof Wandsbek Markt (U1) und dann Bus 263 bis Gleiwitzer Bogen

Hohendeicher See

Wer mit dem Auto bei gutem Wetter die traumhaft ländliche Strecke am Overwerder Deich entlangfährt, kann den Hohendeicher See kaum verfehlen: Er ist genau dort, wo plötzlich unzählige Autos kreuz und quer am Straßenrand parken ... Das südöstliche Ufer des Wasseridylls ist mit kleinem Strand und Liegewiese für Schwimmer reserviert und wird auch vom DLRG überwacht, nördlich liegt ein kleiner Campingplatz.

Und nach dem Baden unbedingt noch einen Deichspaziergang dranhängen – dann ist der sommerliche Familienausflug perfekt!

Achtung: Kinder, die hier baden gehen wollen, sollten **geübte Schwimmer** sein, denn es geht schnell tief ins Wasser rein. Für kleinere Kinder empfiehlt es sich, die volle Konzentration auf den Sandburgenbau zu verwenden.

Overwerder Hauptdeich / Ecke Overwerder Weg |
S-Bahnhof Tiefstack (S21) und dann Bus 120 bis Overwerder

Tiere gucken & streicheln

Tipp:
Wer **Tagesausflü-
ge** mit dem Auto plant,
kann zum Beispiel auch
über den Wildpark Eekholt
(www.wildpark-eekholt.de),
den Wildpark Lüneburger Heide
(www.wild-park.de) oder den
Vogelpark Walsrode (www.welt-
vogelpark.de) nachdenken,
die jeweils rund 45 Automi-
nuten vom Hamburger
Stadtzentrum ent-
fernt liegen.

Tiere faszinieren nicht nur Kinder – von einem Ausflug in den Zoo, Wildpark oder Schmetterlingsgarten hat die ganze Familie etwas! Je nach Größe und Vielfalt der Tierarten kann man bis zu einem ganzen Tag in Tierparks verbringen. Die hiesige Auflistung der spannendsten Ziele zur Tierbeobachtung in und um Hamburg beschränkt sich auf Angebote, die mit dem öffentlichen Hamburger Nahverkehr gut erreichbar sind.

Tierpark Hagenbeck (Stellingen)

Der größte privat geführte Tierpark Deutschlands befindet sich bereits seit 1909 an seinem jetzigen Ort und ging aus einem Tiergeschäft und einem Zirkus des Hamburgers Gottfried Hagenbeck Ende des 19. Jahrhunderts hervor. Der Zoo ist in den vergangenen Jahrzehnten kontinuierlich modernisiert worden und besteht heute im Prinzip aus zwei Teilen, die auch einzeln besucht werden können: dem großen Tropen-Aquarium mit fast 300 verschiedenen Fischen, Amphibien und Vögeln sowie dem Haupt-Tierpark. Beide Attraktionen sind ohne Frage einen Besuch wert – auch wenn die Eintrittspreise leider manche Familie erst einmal schlucken lassen.

Doch es lohnt sich: Bei „Hagenbecks", wie der Zoo umgangssprachlich genannt wird, lässt sich gut ein ganzer Tag verbringen. Das 25 Hektar große Gelände bietet Tieren und Besuchern viel Platz. Vom Flamingo über den Pampa-Hasen bis zur Giraffe lassen sich im Park selbst über 200 verschiedene Tierarten aller denkbaren Größen und Herkunftsländer betrachten. Besondere Attraktion ist die 2012 eröffnete Eismeer-Landschaft, die Eisbären, Pinguinen und Walrossen ein neues Zuhause beschert hat. Auch das modern gestaltete Orang-Utan-Haus ist ein toller Ort, um die riesigen Menschenaffen stundenlang zu beobachten. Besonderes Kinderhighlight im Tierpark Hagenbeck ist zudem der große Spielplatz, auf dem sich ordentlich ausgetobt werden darf, während die Eltern im nahegelegenen

Übrigens: Die Elefanten im Tierpark Hagenbeck erkennen es, wenn ihnen Trinkgeld in den Rüssel gelegt wird und geben es an die Pfleger weiter.

Restaurant eine Stärkung genießen. Achtung: Roller, Laufräder und Dreiräder dürfen leider nicht mit in den Park!

Das Tropen-Aquarium ist in verschiedene Themenbereiche wie Tropenwelt, Höhlenwelt und Unterwasserwelt gegliedert. Unterschiedlichste Bewohner wie Haie, Krokodile, Fledermäuse oder Chamäleons sind hier angesiedelt. Leider sind viele Gänge im Tropen-Aquarium für Kinderwägen und Buggys zu schmal, sodass man mit Kindern unter 3 hier möglichst eine Rückentrage oder ein Tragetuch dabei haben sollte. Babywickelräume stehen an unterschiedlichen Orten im Park sowie im Tropen-Aquarium zur Verfügung.

Der Tierpark bietet mehrmals im Jahr auch verschiedene Erlebnis-Aktionen wie Dschungel- oder Romantik-Nächte an. Für etwas ältere Kinder ein tolles Zoo-Erlebnis!

Lokstedter Grenzstraße 2 | Tel. (0 40) 5 30 03 30 | www.hagenbeck.de | i. d. R. tgl. 9–18 Uhr | Familienkarte für 2 Erw. und 2 Kinder 60 € (nur Tierpark) oder 85 € (Park und Aquarium) | U-Bahnhof Hagenbecks Tierpark (U2) oder Bus (22, 39, 181, 281) bis Hagenbecks Tierpark

Wildpark Schwarze Berge

Luchse, Wölfe, Bären, Elche, Frettchen, Eulen und vieles mehr gibt es südlich der Elbe in Harburg zu entdecken. Der Wildpark Schwarze Berge vermittelt ein tolles Naturerlebnis inmitten von Wald und Flur – mit kleinen Seen und Lichtungen. Auf rund 50 Hektar tummeln sich über 1 000 Tiere und besonders im Frühjahr begeistern die Jungtiere hier große wie kleine Besucher. Auf einem großen Freigelände kann man mit Damwild auf Tuchfühlung gehen. Flugschauen, Streichelzoo, ein großer Spielplatz und eine Grillstation sind kindgerechte Highlights jenseits der Tiere.

Leider dürfen keinerlei Kinder-Fahrzeuge (Roller, Dreiräder, Laufräder) oder Spielzeuge mit in den Wildpark genommen werden. Also für Kinder, die nicht ewig laufen können, den Buggy mitnehmen oder am Eingang für 4 Euro einen Bollerwagen mieten. Auf einigen steil ansteigenden Pfaden durchs Waldgelände ist es allerdings nicht immer ganz einfach, damit voranzukommen, die Hauptwege sind aber gut erkundbar. Außerdem gibt es

Das Damwild sowie auch einige andere Wildtiere im Wildpark Schwarze Berge sind sehr neugierig und fressen sogar aus der Hand.

eine Wildpark-Bahn die täglich um 14 Uhr ihre Runde durch den Park dreht und bei müden Kinderfüßen eine gute Alternative sein kann. Insgesamt ein toller Ausflugstipp!

Am Wildpark 1 | 21224 Rosengarten |
Tel. (0 40) 81 97 74 70 | www.wildpark-schwarze-berge.de |
im Sommer tgl. 8–18 Uhr, Nov.–Apr. 9–16.30 Uhr | Kinder ab
3 Jahren 9 €, Erw. 11 € | S-Bahnhof Harburg (S3, S31) und dann
Bus 340 bis Haltestelle Wildpark Schwarze Berge

Tipp:
Für alle Kinder, die ihren **Geburtstag** im Wildpark Schwarze Berge feiern möchten, gibt es tolle Programme!

Wildgehege Klövensteen

Kaum bekannt versteckt sich ganz am Rande Hamburgs circa 300 Meter von der schleswig-holsteinischen Landesgrenze entfernt das Wildgehege Klövensteen. Wildschweine, Rehe, Uhus, Enten, Frettchen und mehr dürfen hier betrachtet und gefüttert werden. Am Eingang empfängt außerdem ein schöner Spielplatz die jüngsten Besucher. Sowohl das Gehege selbst als auch der Parkplatz sind kostenfrei. Nur die Pommes am Kiosk *Kleine Waldschänke* kosten ein paar Euro. Ein Geheimtipp, der sich auch gut mit einem Elbspaziergang in Wedel kombinieren lässt. Einziger Nachteil: Die Wanderung vom S-Bahnhof dauert gute 30 Minuten. Ein Auto ist empfehlenswert!

Sandmoorweg 149 | stets frei zugänglich | Eintritt frei | S-Bahnhof Rissen (S1)

Schmetterlingsgarten Friedrichsruh

Kurz hinter der östlichen Hamburger Stadtgrenze lässt es sich im Sachsenwald hervorragend spazieren gehen und im Schmetterlingsgarten können viele verschiedene, bunte, tropische Falter bewundert werden. Dabei lässt sich noch einiges über die Lebensstadien des Schmetterlings lernen: In Glaskästen am Eingang sind Raupen, Puppen sowie frisch geschlüpfte Falter ausgestellt. Wer Glück hat, erlebt das Schlüpfen sogar live mit.

Doch das große Tropenhaus mit den Schmetterlingen ist nur das namensgebende Highlight im Schmetterlingsgarten. Auf dem Gelände gibt es außerdem Fische, Schildkröten, Kaninchen, Vögel, einen Insekten-Lehrpfad sowie viele Pflanzen zu entdecken. Für Kinder, die auch gern mal still und leise auf Entdeckungsreise gehen, ein Muss. Hinterher kann im Sachsenwald wieder getobt oder im nahe gelegenen Klettergarten gekraxelt werden.

Am Schlossteich 8 | 21521 Friedrichsruh | Tel. (0 41 04) 60 37 | www.garten-der-schmetterlinge.de | Di–So 10–18 Uhr | 6–8,50 € | S-Bahnhof Aumühle (S21) und ca. 25 Min. Fußweg

Winter erleben

Fällt in Hamburg tatsächlich einmal Schnee, finden sich rasante Pisten und tolle Eisbahnen. Seen dürfen gleitend erkundet werden. Und auf den unzähligen Weihnachtsmärkten warten im Dezember mit Karussells, Weihnachtsmännern und Rentieren magische Momente auf glänzende Kinderaugen.

Die besten Rodelstrecken
Öjendorfer Park

Verschiedene Abfahrten – von flach bis etwas steiler – von je etwa 150 Metern Länge bietet der Hügel im Öjendorfer Park. Gerade für kleinere, noch etwas rodel-unerfahrene Kinder ist der Öjendorfer Park perfektes Übungsgebiet.

U-Bahnhof Wandsbek Markt (U1) und dann Bus 263 bis Gleiwitzer Bogen

Reiherberg in den Harburger Bergen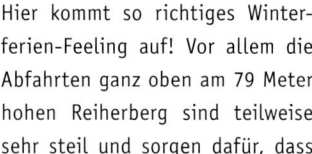

Hier kommt so richtiges Winterferien-Feeling auf! Vor allem die Abfahrten ganz oben am 79 Meter hohen Reiherberg sind teilweise sehr steil und sorgen dafür, dass man schnell an Geschwindigkeit gewinnt. Am Fuße des Reiherbergs wärmt die rustikal-hölzerne Kärntner Hütte ihre durchfrorenen Gäste mit Germknödeln, Kaiserschmarrn und Punsch so richtig wie in den Alpen wieder auf.

S-Bahnhof Harburg (S3, S31) und dann Bus 141 bis Haake

Bergedorfer Gehölz

Ganz am Rande der Hansestadt ist mit dem Bergedorfer Gehölz eine weitere tolle Rodelmöglichkeit im Grünen zu finden. An dem etwa 50 Meter hohen Doktorberg wurde eine fast einen Kilometer lange Rodelbahn angelegt. Mit relativ starkem Gefälle und vielen Kurven ist die Bahn für Fans hoher Geschwindigkeiten ein Muss!

S-Bahnhof Bergedorf (S21) und dann Bus 235 bis Waldschloss

Müllberg am Hummelsee

Eine richtig schön steile, relativ breite Rodelbahn findet sich am Hummelsbüttler Müllberg. Einst aus Geröll des Zweiten Weltkrieges entstanden, ist der 76 Meter hohe Berg heute bewachsen und zum Naturschutzgebiet erklärt. Hier kriegt

in Hamburg

man richtig Fahrt drauf und überlaufen ist der Berg meist auch nicht.

S-Bahnhof Poppenbüttel (S1) und dann Bus 178 bis Glashütte, Friedhof oder Heimgarten

Schinckels Park in Blankenese

Auf diese Strecke sollten sich nur echte Profis trauen! Wer in Blankenese ruhig und halbwegs flach rodeln will, weicht in den Baurs Park aus, echte Cracks nehmen die vereiste und mit Buckeln gespickte rasante Piste des Schinckels Parks! Doch Achtung: Mit normalem Schlitten oder gar auf einer Rodel-Pfanne wird hier so mancher schräg angeguckt. Denn das einzig wahre Gefährt im Schinckels Park ist die sogenannte „Kreek" – eine Art Kiste mit zwei Kufen.

S-Bahnhof Blankenese (S1, S11) oder Bus (189, 286) bis Karstenstraße

❄ Eislaufen auf zugefrorenen Seen

Teichwiesen in Volksdorf

Mitten in der Natur zwischen Wiesen und Bäumen, wo die Flüsse Saselbek und Gussau zusammenlaufen, bieten die Volksdorfer Teichwiesen eine tolle Gelegenheit zum Schlittschuhlaufen. Aber Vorsicht: Teile der beiden Teiche, die von der Saselbek durchflossen werden, sind bis zu sechs Meter tief. Daher bitte abwarten bis alles gut durchgefroren ist!

Zugang über Halenreie | U-Bahnhof Volksdorf (U1)

See im Park am Weiher (Eimsbüttel)

Eine kleine, versteckte grüne Oase im Herzen der Großstadt ist der Eimsbüttler Park am Weiher zwischen Gärtnerstraße und Unnastraße. Im Winter friert der See aufgrund seiner vergleichsweise geringen Größe und Tiefe schnell zu und erfreut sich großer Beliebtheit. Hübsch, zentral und gut erreichbar.

Zugang z. B. von der Ottersbekallee | Bus (20, 25) bis Goebenstraße

See im Grünen Zentrum Lohbrügge

Auf dem See im Herzen des lang-gezogenen Parks, der sich hinter großen Wohnsiedlungen gut ver-steckt, kann man wunderbar seine Runden auf Schlittschuhen drehen! Eine tolle kleine Natur-Oase in Bergedorf!

Zugang z. B. über Kurt-Adams-Platz | S-Bahnhof Bergedorf und dann Bus (12, 137) bis Harnackring

Eppendorfer Mühlenteich

Wo Hamburgs Alsterschwäne über-wintern, kommen auch Schlitt-schuh-Freunde zur kalten Jahreszeit gut auf ihre Kosten: am Eppendorfer Mühlenteich. Doch aufgepasst: Der kleine Randbereich, in dem die Schwäne überwintern, wird mit Hil-fe einer Pumpe stets eisfrei gehal-ten. An den Rändern der umzäunten Schwanenheimat ist das Eis daher leicht brüchig.

Zugang z. B. über Erikastraße | U-Bahnhof Lattenkamp (U1) oder Bus (39, 114) bis Schubackstraße

Für alle zugefrorenen Seen gilt: Betreten nur nach offizieller Freigabe!

Tolle Weihnachtsmärkte
Märchenschiffe auf der Binnenalster

Die märchenhaft verzierten Schif-fe am Alsteranleger sind ein tol-ler Anblick und Kinder kommen auf diesem schwimmenden Weih-nachtsmarkt ganz besonders auf ihre Kosten! So können sie unter fachkundiger Anleitung Kekse backen und verzieren, auf dem Traumschiff können sich kleine Tiger, Feen oder Prinzessinnen schminken lassen und auf dem The-aterschiff gibt es täglich bei freiem Eintritt verschiedene tolle Kinder-Stücke zu sehen.

Jungfernstieg/Alsteranleger | www.maerchenschiffe.de | S-/U-Bahnhof Jungfernstieg (S1, S3, U1, U2, U4)

Rund um die Apostelkirche

Kekse verzieren, kleine Geschenk-anhänger basteln, Kinderschmin-ken und auch weihnachtliche Kinderbuch-Lesungen werden auf dem kleinen, aber feinen Weih-nachtsmarkt angeboten – meist am Wochenende ab 14 Uhr. Die kleinen bunten Holzbuden vermitteln ein heimelig-warmes Gefühl – in die-ser Atmosphäre lässt sich perfekt der ein oder andere Kinderpunsch genießen.

Lappenbergsallee/Bei der Apostelkirche | www.weihnachtsmarkt-apostelkirche.de | U-Bahnhof Osterstraße (U2)

Harburger Weihnachtsmarkt

Fast so schön und festlich wie vor dem Hamburger Rathaus ist die Atmosphäre auch in Harburg vor der Rathauskulisse. Und vor allem kommen Kinder hier deutlich besser auf ihre Kosten! Sie können an Deutschlands größtem Lebkuchenhaus mitbauen und täglich den Weihnachtsmann treffen. Außerdem liest eine Märchenerzählerin den kleinen Zuhörern unermüdlich vor.

Harburger Rathausplatz | www.harburger-weihnachtsmarkt.de | S-Bahnhof Harburg Rathaus (S3, S31)

Weihnachtsmarkt im Bergedorfer Schlosspark

Zahlreiche mittelalterlich anmutende Holzhäuschen säumen die Wege bis hinein in den kleinen Schlosspark mit See. In dieser malerischen Kulisse sind auch Kinder sehr willkommen: Täglich öffnet der Weihnachtsmann sein Zelt; Wunschzettel können ihm dann höchstpersönlich übergeben werden. Und in einem großen Zelt mit Lagerfeuer in der Mitte fasziniert der Drache *Fangdorn* mit seiner Feuershow.

Bergedorfer Schlossstraße 4 | S-Bahnhof Bergedorf (S21)

Weihnachtsmarkt am Tibarg

Das lässt Elternherzen höher schlagen: Der nordische Weihnachtsmarkt in Niendorf schmückt sich mit dem Titel „Familienfreundlichster Weihnachtsmarkt Hamburgs". Auf dem großen Marktgelände mit verschiedenen kleinen Tipis und gemütlichem Rindenmulch unter den Füßen gibt es zum Beispiel ein Bastel-Tipi mit Kinderbetreuung durch ausgebildete Erzieher. Hier kann nach Herzenslust geschnippelt und gekleistert werden, während Mama und Papa Geschenke shoppen und sich mit Glühwein wärmen. Und vielleicht ist ja anschließend noch ein Abstecher zum Karussell oder in die Schokoladenfabrik drin, wo Süßigkeiten selbst gefertigt werden können.

Tibarg 21 | www.tibarg.de | U-Bahnhof Niendorf Markt (U2)

Kletter-
wald Hamburg
▸ Seite 48

Von
Ast zu Ast
hüpfen und sich durch
die Baumwipfel schwingen
– natürlich gut gesichert.
So ein Tag im Kletterwald
macht richtig viel
Spaß!

Action mit Kindern

Erwachsene können häufig nur ungläubig mit dem Kopf schütteln, wenn Kinder über Stunden hinweg herumtoben und nach Action suchen. Die nachfolgenden Kapitel geben Tipps, wo das Auspowern in Hamburg am allerbesten funktioniert: zum Beispiel im Schwimmbad mit großer Rutsche, beim Klettern in der Boulder-Halle, im Bällebad des Indoorspielplatzes oder beim Ponyreiten. Damit auch die unermüdlichsten Kinder abends zufrieden und erschöpft ins Bett fallen!

Indoorspielplätze

Auch im Winter bei Kälte, Schnee und Regen Lust auf Spielplatz? Kein Problem: Hamburgs Indoorspielplätze bieten in fast jeder Ecke der Stadt kleine Spiel-Paradiese mit Bällebädern, spannenden Fuhrparks, Kletterwelten und und und ... Im Gegensatz zum Sommer-Vergnügen ist das Indoor-Vergnügen allerdings leider kostenpflichtig und das Preis-Leistungs-Verhältnis sehr unterschiedlich. Diese Übersicht gibt Orientierungshilfe, in welchen überdachten Kinder-Paradiesen der Besuch wirklich lohnt.

Indoorspielplatz rabatzz! (Stellingen)

In Socken auf den Spielplatz? Im Indoorspielplatz *rabatzz!* in Hamburg-Stellingen sind Socken Pflicht, Schuhe verboten! Er eröffnet Kindern viele außergewöhnliche Spielmöglichkeiten: Bällebad, große Trampoline, Riesenrutschen und ein „Hochseilgarten" in sechs Metern Höhe erfreuen

Zum Glück sind die bunten Kugeln im Bällebad federleicht und tun niemandem weh

nicht nur die Herzen kleiner Abenteurer. Denn Eltern dürfen hier ausdrücklich mitspielen, und in regelmäßigen Abständen gibt es sogar reine Erwachsenenabende im *rabatzz!*.

Für Kinder unter drei gibt es einen separaten Bereich mit „Bällchenbad", Klettermöglichkeiten in geringer Höhe, Labyrinth und kleinen, faszinierenden Experimenten. Einen Kiosk gibt es auch; das Mitbringen eigener Speisen und Getränke ist aber leider nicht erlaubt.

Der gesamte Bereich ist barrierefrei, Kinderwägen mit ganz kleinen Geschwisterkindern können also mit rein. Insgesamt ein nettes Vergnügen, dem man in Anbetracht der Eintrittspreise aber auch mindestens einen halben Tag widmen sollte.

Kieler Straße 571 | Tel. (0 40) 54 70 96 90 | www.rabatzz.de | Mo–Fr 14–19, Sa/So 10–19 Uhr | Kinder unter 3 Jahren 6 €, danach 12,50 €, Erw. 9,50 €, einige Vergnügungen kosten extra | Bus (4, 183, 281, 283) bis Wördemanns Weg

Spielscheune (Allermöhe)

„Es war einmal ..." tönt es in Allermöhe um 16 und um 18 Uhr durch das Märchenzelt im großen Indoorspielplatz. Denn die dortige Spielscheune heißt mit vollem Namen auch *Spielscheune der Geschichten*. Mindestens zweimal täglich, am Wochenende auch häufiger, werden hier spannende Abenteuer und Märchen vorgelesen. Darüber hinaus darf natürlich getobt werden, was das Zeug hält: auf den großen Vulkan klettern, das Holzschiff erobern oder Kettcar fahren.

Tipp:
In der Spielscheune darf **Verpflegung** selbst mitgebracht und vor Ort verzehrt werden. Wer nichts dabei hat, bekommt an dem Kiosk aber auch diverse Snacks und Getränke zu humanen Preisen.

Ein Kleinkindbereich mit Rutschen und Bällebad für Kinder unter drei Jahren ist in der fast 1 000 Quadratmeter großen Halle ebenfalls untergebracht. Bei Kindergeburtstagen in der Spielscheune darf das Geschichten-Rahmenprogramm mitgestaltet werden. Sofern das Wetter gut ist, können vor der Tür am Kanal noch Kanus gemietet werden.

Marie-Henning-Weg 1 | Tel. (0 40) 32 84 83 58 | www.spielscheune-der-geschichten.de | Di–Fr 9–19, Sa/So 10–19 Uhr | Kinder ab 3 Jahren 7,50 €, Erw. 4 € (ab 17 Uhr billiger) | S-Bahnhof Allermöhe (S2, S21) oder Bus 12 bis Marie-Henning-Weg

Tipp:

Der Unterschied zu anderen Indoor-Hallen: Im *Tala300* gibt es **durchgehend pädagogische Betreuung** mit angeleiteten Spielangeboten.

Tala300 (Langenhorn)

Das *Tala300* ist eigentlich eine Schulsporthalle in Langenhorn, doch außerhalb der Unterrichtszeiten verwandelt sich der Bau in eine Aktivhalle mit lustigen bunten Punkten an den Wänden und vielen Spielattraktionen für Kinder ab dem Krabbelalter: Bällebad, Rutsche, Trampoline, Riesenluftkissen, Wipptiere, Kletterwände etc.

Eine Caféteria zum Entspannen für die Eltern ist auch hier eigerichtet – neben Fastfood-Snacks hält sie beispielsweise auch leckeren Obstsalat bereit. Und wie der Eintritt ist auch die Verpflegung preislich sehr moderat. Gesamtbilanz des *Tala300:* definitiv ein rundum tolles Angebot bei Regenwetter sowie für Kindergeburtstage.

Tangstedter Landstraße 300 | Tel. (0 40) 4 28 93 32 80 | www.tala300.de |
Mi– Fr 15–19, Sa 11–19 Uhr | 3,50 € pro Person |
U-Bahnhof Langenhorn Markt (U1) oder Bus 192 bis Hohe Liedt

Pandino Kinderspielwelt (Bergedorf)

Ein fröhlicher Panda ziert das Logo dieser Indoor-Spielewelt, die ganz im Dschungel-Design ausgestaltet wurde. Vor allem große Klettergerüste mit abenteuerlichen Netzen, grüne wie gelbe Trampoline, ein Wabbelberg und geheime Bällebad-Höhlen zwischen Blätter- und Bambus-Attrappen prägen diese Vergnügungswelt. Außerdem gibt es Bahnen zum Bobbycar- oder GoCart-Fahren, ein Bootsbecken und viele kleine Attraktionen mehr. Kindergeburtstag kann man hier selbstverständlich auch feiern und wird von dem hauseigenen Restaurantbetrieb dann mit Pommes, Chicken Nuggets oder auch Salat versorgt. Leider ist die Spielewelt insgesamt etwas in die Jahre gekommen. Immer wieder sind einige Bereiche wegen Defekten nur eingeschränkt nutzbar und die lange nicht sanierten Waschräume lassen manch Erwachsenen die Nase rümpfen. Außerdem kommt man hier fast nur mit dem Auto hin, die Anreise per ÖPNV zieht sich. Den meisten Kindern gefällt's – einmal dort – trotzdem sehr gut!

Curslacker Heerweg 263 | Tel. (0 40) 7 20 77 77 | www.pandino.de |
Mo/Mi/Do 14–19, Fr–So 11–19 Uhr | Kinder ab 6,95 €, Erw. ab 3,95 € (Säuglinge frei) |
S-Bahnhof Bergedorf (S21), dann Bus (8890 oder 228) bis Holtenklinke

Planschen & Schwimmen

Egal, wie das Wetter ist – Schwimmen begeistert Kinder in der Regel drinnen und draußen. Für Säuglinge und Kleinkinder muss dabei gar nicht allzu viel geboten sein. Ein warmes Becken zum Planschen reicht häufig schon aus. Dafür ist es für Eltern wichtig, ob großzügige Umkleiden und Wickelmöglichkeiten vorhanden sind. Ab zwei bis drei Jahren gewinnen Rutschen, Sprudel, Springblöcke und Erlebniswelten zunehmend an Bedeutung.

● **Freibäder**

Naturbad Stadtparksee (Winterhude)

Leider ist dieses Bad nur ein Sommer-Tipp, dafür ist es dann umso empfehlenswerter! Der große, naturbelassene See, der durch einen schmalen Fleet mit der Außenalster verbunden ist, bietet guten Schwimmern bei heißen Temperaturen jede Menge Platz – und das ganz ohne Chlorgeruch! Hier kann die ganze Familie entspannen und den Blick auf das Planetarium und die Stadtparkwiese genießen. Für Kinder und Nichtschwimmer ist ein flacher Bereich abgetrennt, der in einen kleinen Strand mündet. So können die Kleinsten nach Herzenslust buddeln und Sandkuchen backen! Außerdem bringt ein Spielplatz zusätzlich Abwechslung vom kühlen Nass. Für den kleinen Hunger zwischendurch gibt es einen Kiosk. Ein großes Plus des Freibades Stadtparksee sind auch die familienfreundlichen Eintrittspreise!

> **Tipp:** Der Besuch im Freibad lässt sich gut mit anderen **Aktivitäten im Stadtpark** verknüpfen.

Südring 5b | Tel. (0 40) 18 88 90 (Bäderland-Hotline) | www.baederland.de/bad/naturbad_stadtparksee | im Sommer tgl. 11–21 Uhr | Kinder 1–1,60 €, Erw. 3,20 € | U-Bahnhof Borgweg (U3) oder S-Bahnhof Alte Wöhr (S1)

Strandbad Farmsen

Eines der wenigen Hamburger Bäder, die nicht von *Bäderland* betrieben werden, ist das Strandbad in Farmsen. Es macht seinem Namen alle Ehre, denn das Bad an sich ist ein großer See mit abgetrenntem Nichtschwimmerbereich und hübschem Sandstrand drum herum. Leider gibt es nach langen Hitzeperioden manchmal sehr viele Algen im Wasser. Für Kinder

Bei heißen Temperaturen der einzig wahre Familien-Tipp: Ab ins Wasser!

sind besonders Sand, Spielplatz und die große Kurvenrutsche attraktiv. Kiosk, Imbiss, Umkleiden, Duschen und Toiletten gibt es auch. Naturgemäß bietet sich das Bad nur bei warmen Temperaturen als Ausflugsziel an, aber dann kommt hier richtig ein bisschen Urlaubsfeeling auf – zu familienfreundlichen Preisen.

Neusurenland 67 | Tel. (0 40) 6 43 44 10 | www.strandbad-farmsen.de |
im Sommer tgl. 11–19 Uhr | Kinder ab 3 Jahren 2 €, Erw. 4 € |
U-Bahnhof Farmsen (U1) und dann Bus (27, 168, 171) bis Neusurenland

Freibad Aschberg (Hamm)

111 Meter misst die längste Wasserrutsche Hamburgs und liegt im Freibad Aschberg, ein bisschen versteckt am Rande des Industriegebietes in Hamburg-Hamm inmitten einer hübschen grünen Parkanlage. Neben der Rutsche erfreuen sich die Sprungtürme von drei und fünf Metern Höhe bei etwas älteren Kindern großer Beliebtheit. Für die Kleineren gibt es etwas abseits in einer Ecke der großzügigen Liegewiesen Kinderbecken sowie Spielplatz.

Am Kiosk erwarten hungrige Badegäste die üblichen Snacks zu fairen Preisen. Die Umkleiden des Bades sind zwar etwas in die Jahre gekommen, Wickeltische leider Fehlanzeige, aber bei richtig gutem, sommerlichem

Freibadwetter findet man zum Windelwechsel auch auf der Wiese ein stilles Eckchen! Alles in allem ein Bad, das einen Ausflug wert ist und dessen Eintrittspreise voll im familienfreundlichen Rahmen liegen.

Rückersweg | Tel. (0 40) 18 88 90 (Bäderland-Hotline) | www.baederland.de/bad/freibad-aschberg.html | im Sommer tgl. 10–18 Uhr | Kinder 1,60 €, Erw. 3,20 €, Familienkarte 7,80 € | U-Bahnhof Rauhes Haus (U2), Bus 130 bis Braune Brücke

● Hallenbäder
Festland Altona

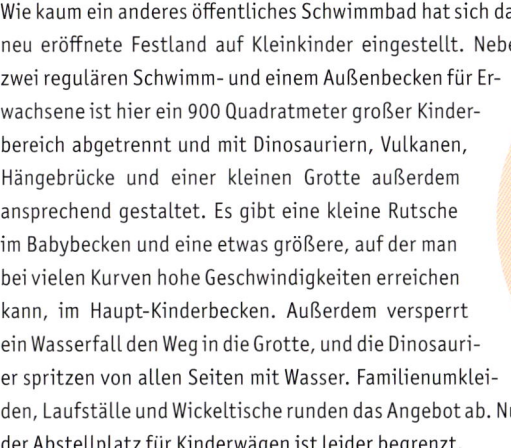

Wie kaum ein anderes öffentliches Schwimmbad hat sich das 2009 neu eröffnete Festland auf Kleinkinder eingestellt. Neben zwei regulären Schwimm- und einem Außenbecken für Erwachsene ist hier ein 900 Quadratmeter großer Kinderbereich abgetrennt und mit Dinosauriern, Vulkanen, Hängebrücke und einer kleinen Grotte außerdem ansprechend gestaltet. Es gibt eine kleine Rutsche im Babybecken und eine etwas größere, auf der man bei vielen Kurven hohe Geschwindigkeiten erreichen kann, im Haupt-Kinderbecken. Außerdem versperrt ein Wasserfall den Weg in die Grotte, und die Dinosaurier spritzen von allen Seiten mit Wasser. Familienumkleiden, Laufställe und Wickeltische runden das Angebot ab. Nur der Abstellplatz für Kinderwägen ist leider begrenzt.

Achtung: Für Kinder bis ca. 7 oder 8 Jahre ist dieses Bad super, für die etwas älteren fehlt leider ein entsprechendes Angebot!

Holstenstraße 30 | Tel. (0 40) 18 88 90 (Bäderland-Hotline) | www.baederland.de/bad/festland | Mo–Fr 9–21, Sa/So 10–21 Uhr | ab 3,10 € für Kinder, ab 6,50 € für Erw., auch Familientarife | S-Bahnhof Holstenstraße (S11, S21, S31) oder S-Bahnhof Reeperbahn (S1, S3) oder Bus (20, 25, 115) bis Max-Brauer-Allee (Mitte)

Arriba Norderstedt

Dieses Bad liegt zwar ein ganz kleines Stück außerhalb der Hamburger Stadtgrenzen, aber fast alle Hamburger Jugendlichen kennen es! Das Arriba nennt sich selbst ein Erlebnisbad – und das ist es auch! Mit vielen Attraktionen wie verschiedenen Rutschen, Wellenbad, Kletternetzen im Wasser, Strömungskanal, Wellnessbereich und und und ... In den warmen Baby- und Kleinkindbecken gibt es ebenfalls kleine Rutschen und einen süßen Seehund. Ein paar Spielgeräte sowie Kinderstühle runden den Kleinkindbereich ab.

Für jede Altersgruppe ist im Arriba etwas dabei: Schwimmer, Sauna-Gänger, Wellness-Liebhaber, Abenteurer und Familien mit Babys und Kleinkindern kommen in der großzügigen Anlage auf ihre Kosten. Natürlich gibt es auch einen Gastronomiebereich, um sich zwischendurch zu stärken! Der Umkleidebereich umfasst großzügige Familien-Umkleiden sowie eine Baby-Sammelumkleide mit Wickeltisch und Laufstall. Insgesamt ist das Bad auf jeden Fall einen Ausflug wert. Einziger Wermutstropfen: Die Böden im Badebereich sind sehr nass und rutschig. Entweder Badeschuhe mitnehmen oder Kleinkinder beim Laufen immer gut festhalten!

Am Hallenbad 14 | Tel. (0 40) 5 21 98 40 | www.arriba-erlebnisbad.de | tgl. mind. 9–22 Uhr | Kinder ab 3 €, Erw. ab 4,50 €, auch Familientarife | U-Bahnhof Garstedt (U1) oder Bus (178, 393) bis Arriba Bad

Die Badebucht (Wedel)

Vor der (künstlichen) Kulisse hanseatischer Kaufmannshäuser können Kinder und Eltern in der Badebucht in Wedel, kurz vor den Toren Hamburgs, planschen. Der Bademeister wird hier zum Hafenmeister, der Zugang zum Außenbecken ist als „Schleuse" betitelt, sodass das maritime Flair hier richtig Spaß macht. Der Kleinkindbereich ist geprägt von einer kleinen nordischen Holzkirche, einem rustikalen Holzhaus und einem Segelschiff auf hoher See des warmen Kinderbeckens mit 1,20 Meter Wassertiefe. Das Planschbecken für die ganz kleinen Kinder hat eine winzige Rutsche und eine Sperre zum Aufstauen des Wassers zu bieten. Kinder ab etwa sechs Jahren können sich über eine schnelle, steile Wasserrutsche, eine kurvige Tunnelrutsche sowie den Dreimeter-Sprungturm im Schwimmerbereich freuen. Auf einer kleinen Empore der Bucht liegt der Kiosk, von dessen Sitzplätzen man entspannt auf die vergnügte Gästeschar hinabblicken kann. Kleine Wasserratten werden die Investition in drei Stunden Badebucht zu schätzen wissen!

Tipp:
Für Eltern gibt es eine ausgedehnte und abwechslungsreiche **Saunalandschaft**, die allerdings – wie auch der Eintrittspreis zur Badewelt allein – nicht ganz günstig ist.

Am Freibad 1 | 22880 Wedel | Tel. (0 41 03) 9 14 70 | www.badebucht.de | Mo 14–20, Di–Fr 6.30–20 (für Frühschwimmer), Sa/So 10–20 Uhr | Kinder ab 3,50 €, Erw. ab 6,50 €, Kinder unter 3 Jahren frei, auch Familientarife | S-Bahnhof Wedel (S1)

Auf der kurvigen Rutsche im Dinoland des Festland Altona kriegen Kinder ein rasantes Tempo

MidSommerland Harburg

Ganz im skandinavischen Stil ist dieses tolle Bad im Hamburger Süden gehalten. Felsen- und Holzhüttendesign machen es zu einem gemütlichen Freizeitziel für die ganze Familie. Besonders im Sommer ist das Bad durch seine idyllische Lage direkt am See sehr reizvoll. Kinder können dann im flachen Wasser des Außenbeckens planschen. Aber auch im Winter übt ein beheizter Außenbereich seinen besonderen Reiz aus.

Für sportliche Schwimmer, die ihre Bahnen ziehen wollen, ist hier allerdings wenig Platz – das Bad ist vor allem auf Kinder und Wellnessangebote ausgerichtet. Drinnen ist ein großes Wikingerschiff mit Wasserkanone die Haupt-Attraktion im geräumigen und nett gestalteten Kinderbereich. Größere Kinder kriegen nie genug von der schnellen Wildwasserrutsche. Und für zwischendurch sind auch die obligatorischen Pommes nicht weit!

Allerdings fehlen im gesamten Bad Wickeltische – warum, ist leider nicht zu verstehen. Leider ist das Bad nicht ganz billig, aber es lohnt sich, hier mit Kindern vorbeizugucken – beispielsweise in Verbindung mit Ausflügen in den Wildpark Schwarze Berge oder den Klettergarten Kiekeberg, die ebenfalls südlich der Elbe liegen.

Gotthelfweg 2 | Tel. (0 40) 18 88 90 (Bäderland-Hotline) | www.baederland.de/bad/midsommerland | tgl. 10–23 Uhr, für Frühschwimmer ab 8 Uhr | Kinder ab 3,30 €, Erw. ab 6,70 € | S-Bahnhof Harburg (S3, S31) und dann Bus 143 bis Freizeitbad MidSommerland

Das Schwimmbad Inselpark in Wilhelmsburg ist nagelneu und hat im Babybereich lustige Wasserspritzelemente, die den Kleinsten viel Spaß bereiten.

Bille-Bad Bergedorf

Eine hübsche Hängebrücke, eine kleine Felsenrutsche und eine riesige Libelle an der Decke prägen den Kleinkindbereich im beliebten Bergedorfer Bille-Bad. Darüber hinaus können sich abenteuerlustige und etwas größere Kinder im Erlebnisbecken über einen großen Wasserfall und im Schwimmbecken über gute Sprungmöglichkeiten freuen.

Erwachsene schwimmen währenddessen ihre Bahnen drinnen oder draußen, entspannen an den Massagedüsen oder im Saunabereich. Für kleine Stärkungen zwischendurch gibt es einen Kiosk. Insgesamt ist das Bille-Bad ein solides und gepflegtes Bad, dem es für den Aufstieg in die Extraklasse leider an Höhepunkten mangelt. Schade, aber nichtsdestotrotz okay für einen Familien-Badeausflug ohne allzu hohe Erwartungen.

Reetwerder 25 | Tel. (0 40) 18 88 90 (Bäderland-Hotline) |

www.baederland.de/bad/bille-bad.html | tgl. 10–22 Uhr | Kinder ab 3,10 €, Erw. ab 6,30 € |

S-Bahnhof Bergedorf (S21), dann 15 Minuten zu Fuß oder Bus 135 bis Bille-Bad

Schwimmbad Bondenwald (Niendorf)

Während das Freibad Aschberg mit 111 Metern Rutschenlänge den Hamburger Rekord hält, liegt das Bondenwald-Bad nur knapp dahinter: 106 Meter misst die beliebte Rutsche hier und wird ergänzt durch den hübsch gestalteten Kleinkindbereich Babalu mit Grotte, Rutsche und zwei mollig warmen Kleinkindbecken.

Im Sommer bietet der Außenbereich des Bades außerdem einen beliebten Matsch-Spielplatz. Vor allem stimmt hier für Eltern mit Kindern auch das Drumherum: Im Badbereich selbst ist ein Wickeltisch, es gibt geräumige Familienumkleiden sowie Familienduschen mit abnehmbaren Duschköpfen und Plastik-Hochstühlen für die Kleinsten. Ein nettes kinderfreundliches Bad, das allerdings nicht ganz günstig ist.

Friedrich-Ebert-Straße 71 | Tel. (0 40) 18 88 90 (Bäderland-Hotline) | www.baederland.de/bad/bondenwald.html | Mo–Fr 9–22, Sa/So 8–22 Uhr | Kinder ab 3,20 €, Erw. ab 6,50 €, Familienkarte 14,60 € | U-Bahnhof Niendorf Markt (U2), Bus 5 bis Freizeitbad Bondenwald

Schwimmhalle Inselpark (Wilhelmsburg)

Wie so vieles in Wilhelmsburg hat auch die Badelandschaft dort mit IBA und IGS im Jahre 2013 eine enorme Aufwertung erhalten. Das alte Bad wurde komplett abgerissen, die Schwimmhalle Inselpark ist neu entstanden. An Familien wurde dabei erfreulicherweise auch gedacht: Im großen Nichtschwimmerbecken darf nach Herzenslust getobt und geplanscht werden, das Baby-/Kleinkindbecken ist mit zwei Rutschen und einigen modern designten Spiel-Spritz-Anlagen ausgestattet. Im Sanitärbereich sind auch kleine Kinderduschen eingebaut worden, der Eingangsbereich ist barrierefrei, das heißt mit Kinderwagen gut befahrbar. Auch hier findet man eine Familienumkleide mit Wickeltisch und einen Babystuhl im Sanitärbereich für stressfreies Duschen auch mit Kleinstkind. Insgesamt ein nettes modernes Bad, in dem man allerdings dieses kleine, besondere Extra leider vergeblich sucht.

Tipp:
Wie in einigen anderen Bädern auch gibt es hier **Aqua-Gymnastik** für Schwangere sowie **Babyschwimm-Kurse.**

Kurt-Emmerich-Platz 12 | Tel. (0 40) 18 88 90 (Bäderland-Hotline) | www.baederland.de/bad/schwimmhalle-inselpark.html | Mo–Do 10–20, Fr 8.30–20, Sa/So 10–18 Uhr | Kinder 3,10 €, Erw. 6,30 €, Familienkarte 12,20 € | S-Bahnhof Wilhelmsburg (S3, S31)

5+

Bäderland Hamburg

Junior-Pinguin, Pinguin oder Star-Pinguin? Schon einmal gehört? Während Kinder in fast allen anderen Bundesländern die Schwimmetappen Seepferdchen, Bronze, Silber und Gold verinnerlicht haben, wird in der Schwimmschule von *Bäderland* Hamburg nach dem Pinguin-Prinzip unterrichtet. Dabei sind die Stufen ähnlich: Ein Junior-Pinguin hat die Wassergewöhnung hinter sich und kann erste einfache Schwimm- und Tauchaufgaben durchführen – analog zu Seepferdchen-Kenntnissen. Ein als Pinguin ausgezeichnetes Kind beherrscht das Schwimmen sicher und hat in der Regel die Fähigkeiten eines Freischwimmers. Das beste Einstiegsalter liegt zwischen 5 und 7 Jahren. Ein Kurs bei *Bäderland* dauert in der Regel 24 Schwimmstunden (je 30 Minuten) bis zum ersten Pinguin-Abzeichen und kostet 45 Euro. Neben den regulären Freizeit-Kursen an zwei bis vier Nachmittagen pro Woche werden auch Wochenend-Kurse sowie Kompakt-Kurse in den Schulferien angeboten. Vorher muss jeweils ein Einstufungs-Kurs absolviert werden. Da *Bäderland* der Betreiber fast aller Hamburger Schwimmbäder ist, hat das Unternehmen auch im Bereich des Schwimmunterrichts ein weitgehendes Monopol.

www.baederland.de/schwimmschule-akademie/pinguin-schwimmschule/

Schwimmschule Swym

Wer es lieber familiärer mag, findet bei der Schwimmschule Swym vielleicht das richtige Angebot. An sieben Standorten über die Stadt verteilt – in Bädern von Fitnesscentern, Hotels und Seniorenheimen – bietet die Schule Kurse für fast jedes Alter und jede Schwimmlernstufe an. Auch hier gibt es reguläre Freizeitkurse sowie Kompaktkurse in den Ferien oder am Wochenende – jeweils für rund 150 Euro pro Kurs, in der Regel mit etwas weniger Teilnehmern als bei *Bäderland*. Allerdings umfasst ein Kurs hier nur 8 Unterrichtseinheiten von jeweils 50 Minuten.

www.swym-hamburg.de

Schwimmschule Delphin

Die private Schwimmschule bietet Kurse in eigenen Becken in Poppenbüttel und einigen Orten des Hamburger Umlandes an. Besonderer Vorteil ist, dass es für Kinder Angebote vom frühesten Babyalter bis zum Freischwimmer gibt. Eltern können mit Aqua-Gymnastik für Schwangere beginnen und das Kind danach vom Babyschwimmen übers Kleinkindschwimmen bis hin zum ersten Lernkurs kontinuierlich das Wasser erleben lassen. Die Preise sind dabei mit über 300 Euro für 21 Unterrichtseinheiten allerdings deutlich über jenen von *Bäderland*!

www.schwimmschule-delphin.de

Schwimmen lernen in Hamburg

Weitere Angebote

Weitere Angebote für regionale Schwimmschul-Angebote, teilweise auch von Sportvereinen, finden sich im Internet. Eine kleine Auswahl sind die **Schwimmschule Turmweg** (www.schwimmschule-turmweg.de), die **Schwimmschule des Niendorfer TSV** (www.schwimmschule-niendorf.de), **Schwimmschule Fiedler** in Alsterdorf (www.schwimmschulefiedler.de) oder **Schwimmschule Hamburg-Nord** in Winterhude und Uhlenhorst (www.schwimmschule-hamburg.com). Die Angebote variieren in Preis, Gruppengröße, Kurshäufigkeit und Lernzielen sehr stark, teilweise sind Teilnahme und Gebühr auch an die Mitgliedschaft im Verein gebunden. Bei einigen Anbietern gibt es lange Wartelisten.

Rollschuh- & Eislaufbahnen

Seit Inlineskates verstärkt als normales Verkehrsmittel genutzt werden, um von A nach B zu kommen, sind Rollschuhbahnen leider zunehmend aus der Mode gekommen. Schlittschuhbahnen erfreuen sich zur kalten Jahreszeit hingegen weiterhin großer Beliebtheit. Doch gerade für kleine Kinder, die die Fortbewegung auf Rollen erst einmal ungestört spielerisch testen wollen, sind Rollschuhbahnen weiterhin ein gutes Ausflugsziel!

Eis- und Rollschuhbahn Planten un Blomen

Von April bis Oktober ist die 4 300 Quadratmeter große Freifläche in Hamburgs schönster Gartenanlage ohne Eintritt als Skate- und Rollschuhbahn nutzbar. Es gibt Toiletten und sanitäre Anlagen, leider jedoch keinen Rollschuh- oder Inline-skateverleih.

Tipp:
Auf der Bahn in Planten un Blomen kann man das tolle Ambiente drum herum genießen!

Anders im Winter: Dann verwandelt sich das Areal in eine große Eisfläche unter freiem Himmel. Plötzlich gibt es hier Schlittschuhverleih, Coffeeshop und Kiosk. Freitag- und Samstagabend macht ein DJ die Bahn mit tollen Lichteffekten zur Outdoor-Disco.

Holstenwall 30 | Tel. (0 40) 2 28 63 89 50 | www.eisarena-hamburg.de |
tgl. 10–22 Uhr | im Sommer freier Eintritt, im Winter ab 4,50 €, Schlittschuhe
für 5 € | U-Bahnhof St. Pauli (U3) oder Bus 112 bis Handwerkskammer

i-Punkt Skateland (Hammerbrook)

Halfpipe, Parcours, Miniramp und mehr – wer gern auf Inline-Skates steht, dürfte im i-Punkt Skateland sein Paradies vorfinden. Mit 1 500 Quadratmetern innen plus 1 800 im Außenbereich ist die Halle eine der größten Skate-anlagen Norddeutschlands. Sämtliche Ausrüstung kann geliehen werden, es gibt einen Kiosk mit Snacks und Getränken und von Zeit zu Zeit spezielle Events wie zum Beispiel Mädchenabende oder Skate-Disco. Natürlich ist das Skateland eher etwas für Kinder ab 12 oder 13 und für richtige Familienausflüge eignet es sich nicht wirklich, denn das wirkt uncool!

Spaldingstraße 131 | Tel. (0 40) 23 44 58 | www.i-punktskateland.de |
Mo–Fr 15–20, Sa/So 13–20 Uhr | Mo–Fr Eintritt frei, Sa/So ab 3 €, Skateverleih 3 € |
S-/U-Bahnhof Berliner Tor (S1, S21, U2, U3)

Eislaufbahn Stellingen

Von außen vermutet man erst einmal ein großes Zirkuszelt, doch unter dem kunstvoll geschwungenen weißen Dach in Hamburg verbirgt sich im Sommer eine Rad-Rennbahn, im Winter eine Eislaufbahn. Bei Regen oder Schneefall sowie starken Winden ist man hier deutlich besser geschützt als auf der Bahn in Planten un Blomen, dafür ist die Fläche ein Stück kleiner. Curry, Bratwurst und Pommes gibt es auch hier zur Stärkung zwischendurch, Schuhe lassen sich leihen. Insgesamt sind die Preise etwas niedriger als in der Innenstadt, aber mit dem ÖPNV ist diese Anlage ebenfalls super erreichbar. Voll ist es in der klirrend-kalten Hochsaison des Eislaufens leider überall. Doch Mittwoch bis Freitag bietet die Eisbahn von 12.45 Uhr bis 13.45 Uhr jeweils eine spezielle Laufzeit für Familien mit kleinen Kindern an. Der Eintritt ist dann besonders günstig und die Eisfläche ist Eltern mit Kindern vorbehalten.

Hagenbeckstraße 124 | Tel. (0 40) 54 31 52 | www.eisbahn-stellingen.de |
Di–So ab 10 Uhr | Eintritt ab 1,50 € | U-Bahnhof Hagenbecks Tierpark (U2)

Eisland Farmsen

Diese Eissporthalle im Hamburger Nordosten wird von dem Schwimmbadbetreiber *Bäderland* geführt – das Wasser ist hier trotzdem stets in gefrorenem Zustand anzutreffen! Für kleine Kinder, die noch unsicher auf den Kufen stehen, wird hier jeweils Samstag- und Sonntagnachmittag, wenn es besonders voll ist, ein eigener Bereich abgesperrt. So kann das Eislaufen ganz in Ruhe geübt werden. Ältere Kinder kommen dann Samstagabend bei der Eislauf-Disco mit schillernder Discokugel und bunter Lichtshow auf ihre Kosten. Die Halle ist relativ neu renoviert – Toiletten, Schließfächer und die Gesamtanlage sind in einem super Zustand. In der Halle trainieren auch die Eishockeymannschaften *Hamburg Crocodiles* und *Hamburg Freezers*. Einerseits führt das dazu, dass alles gut gepflegt wird und einige Profis auf dem Eis toll anzusehen sind. Andererseits verunsichern genau diese Profis Anfänger leider oft mit ihrer rasanten Fahrweise.

Berner Heerweg 152 | Tel. (0 40) 18 88 90 (Bäderland-
Hotline) | www.baederland.de/bad/eisland_in_farmsen |
Okt.–März Mi–So 11–17.30, Do/Sa auch 20–22 Uhr |
Eintritt ab 3,80 €, Schlittschuhe für 5 € |
U-Bahnhof Farmsen (U1)

Tipp: Natürlich gibt es auch hier einen **Kiosk** mit Snacks und Getränken, auf Anfrage werden auch **Kindergeburtstage** ausgerichtet.

Klettern

Hängebrücken, Schwebebalken, Schaukeln, und Seilbahnen – in Klettergärten gilt es, verschiedenste Hindernisse in luftiger Höhe zu bewältigen. Und das mitten in der Natur! Sie sind eine tolle Mischung aus Freizeit- und Sportausflug für Familien mit abenteuerlustigen Kindern ab sechs Jahren. In Kletterhallen hingegen geht es vor allem steil die Wand hinauf: Die Routen unterschiedlicher Schwierigkeitsstufen sind für Cracks eine Kletterübung für den Fels in freier Natur.

● Klettergärten

Kletterwald Hamburg (Volksdorf)

Auf sieben unterschiedichen Parcours bietet der Kletterwald Hamburg ein Kletterlebnis für die ganze Familie an. Die höchsten Seile hängen bis zu zehn Meter über der Erde, die niedrigsten zwei Meter. Netze, Netzleitern und Kletterwände helfen, die erste Angst zu überwinden. Kinder sollten mindestens 1,10 Meter groß sein, um hier klettern zu dürfen. Wenn sie ohne Eltern kommen wollen, muss die dafür nötige Einverständniserklärung unterschrieben mitgebracht werden. Der Vordruck findet sich auf der Homepage des Klettergartens.

Die maximale Kletterzeit beträgt 2,5 Stunden, sodass man zwei bis drei Parcours absolvieren kann. Gerade für Anfänger ist das in der Regel ausreichend. Snacks und Getränke können auf dem Gelände gekauft werden, auch für Kindergeburtstage gibt es spezielle Angebote. Für große Gruppen und auch bei sehr gutem Wetter bietet sich eine Voranmeldung an, um Wartezeiten zu vermeiden. Das geht telefonisch oder per Internet.

Meiendorfer Weg 122–128 | Tel. (0 40) 2 28 63 89 40 | www.kletterwald-hamburg.com | tgl. 10–19 Uhr, bei gutem Wetter länger | 19–25 €, Familienkarte 79 €, Rabatte ab 10 Pers. | U-Bahnhof Meiendorfer Weg (U1) oder Bus (24, 174) bis U-Bahnhof Meiendorfer Weg

HOGA Hochseilgarten (Geesthacht)

Kurz hinter den Hamburger Stadtgrenzen, im wunderschön an der Elbe gelegenen Geesthacht, befindet sich ein Hochseilgarten für Kinder ab sechs Jahren. Mit seinen rund 8 000 Quadratmetern Fläche ist er einer der größten Deutschlands und hat 100 verschiedene Herausforderungen zu bieten, die zwischen eineinhalb und neun Metern über der Erde zu meistern sind. Insgesamt in einem hübschen Wald gelegen, kann man oben aus den Baumwipfeln heraus sogar ab und zu die Elbe erspähen.

Der Klettergarten bietet auch spezielle Kindergeburtstagspakete für Gruppen ab acht Kindern an. Insgesamt sollten größere Gruppen immer vorher angemeldet werden, ansonsten kann man spontan vorbei kommen. Nur im Winter und bei Dauerregen bleibt der Hochseilgarten natürlich geschlossen. Ein toller Tagesausflug, aber am besten ein bisschen Proviant mitnehmen, denn das nächste Restaurant ist ein gutes Stück entfernt.

Elbuferstraße, gegenüber von Hausnr. 48 | 21502 Geesthacht | Tel. (01 70) 4 89 99 84 | www.hoga-hochseilgarten.de | Di–So 10–18 Uhr | 14–20 € | Bus 12 oder 31 ab S-Bahnhof Bergedorf bis ZOB Geesthacht, dort Bus 8890 bis Haltestelle Pumpspeicherwerk

Mit Hilfe von Seilen und Karabinerhaken immer gut gesichert, kann kleinen Leuten zum Glück auch in großer Höhe nicht viel passieren.

Schnurstracks Kletterpark Sachsenwald

Direkt vor den Toren Hamburgs bietet der Sachsenwald viele kleine Highlights. Im Kletterpark Schnurstracks kann man in den Wipfeln herumturnen. Auch in diesem Park sollte man dafür mindestens 1,10 Meter groß sein. Fünf Parcours verschiedener Schwierigkeitsgrade sind im Sachsenwald angelegt. Anfänger beginnen in einer Höhe von 1,50 Meter, Profis können in bis zu 14 Metern herumturnen. Wer den sogenannten *Free Fall* aus 13 Metern Höhe ausprobieren will (natürlich gut gesichert), zahlt extra. Einmal im Monat gibt es ein Mondschein-Klettern. Für Kindergeburtstage werden auch Bogenschießen und GPS-Touren angeboten. Insgesamt eine gute Ausflugs-Idee, die sich zum Beispiel mit einem Besuch im nahe gelegenen Schmetterlingsgarten kombinieren lässt!

Achtung:
Die **Öffnungszeiten** sind etwas unregelmäßig. Lieber vorher nochmal anrufen oder im Internet nachgucken, ob wirklich offen ist!

Holzhof 2 | Tel. (0 41 04) 9 07 15 11 | www.schnurstracks-kletterparks.de | ab April Do/Fr 14–20, Sa/So 10–20 Uhr | 19–25 €, Familienkarte 65 € | S-Bahnhof Aumühle (S21) und ca. 1,5 km Fußweg (immer der Ausschilderung mit den Katzen folgen)

Hanserock – Hochseilgarten in Wilhelmsburg

Wie so vieles in Wilhelmsburg ist auch der Hochseilgarten Hanserock dort im Rahmen der IGS 2013 entstanden. Auf fünf Parcours verschiedener Schwierigkeitsgrade klettert man hier beispielsweise durch überdimensionale Tischtennisschläger oder schwingt an riesigen Weinkorken durch die Luft. Mindestalter für junge Kletterer ist hier sechs Jahre, die Preise liegen im oberen Mittelfeld. Von der S-Bahn ist der Park gut und fix erreichbar, Kindergeburtstage in verschiedenen Varianten sind im Hanserock ebenfalls möglich.

Am Inselpark | Tel. (05 21) 32 99 20 20 (Hotline der Betreibergesellschaft) | www.hanserock.de | i.d.R. tgl. 10–19 Uhr | Familientarif: 18 € für Kinder von 6-12 Jahren, 21 € für Erw. | S-Bahnhof Wilhelmsburg (S3, S31)

Hochseilgarten Kiekeberg

Auch Hamburgs Süden hält tolle Naturerlebnisse bereit. Auf dem Kiekeberg sind im Hochseilgarten in bis zu 14 Metern Höhe zwei Parcours mit unterschiedlichen Wegstrecken konzipiert worden. Sowohl für Kinder als auch für Erwachsene sind hier tolle Abenteuer möglich! Für Kindergeburtstage gibt es ebenfalls Angebote. Das *Gasthaus zum Kiekeberg* und ein kleiner Kiosk sorgen in jedem Fall für Erfrischungen und Verpflegung. Der Unterschied zu anderen Klettergärten: Hier zahlt man pro Parcours. Ein ganztägiger Ausflug lohnt sich in diesem Hochseilgarten deshalb nicht, aber eine Kombination zum Beispiel mit einem Besuch im nahe gelegenen Wildpark Schwarze Berge ist gut möglich!

Am Kiekeberg 5 | Tel. (0 40) 74 32 55 89 | www.hochseilgarten-kiekeberg.de |
März–Nov. Di–So 10–19 Uhr | 9,50–18 € (Preise pro Parcours) |
Bus (4244, 340) ab Harburg-ZOB bis Haltestelle Freilichtmuseum

● Kletterhallen
Nordwandhalle Wilhelmsburg

Bis zu 16 Metern hoch, mit Überhängen oder auch ohne, kann man in der Nordwandhalle die Wände erklimmen. Mit weiß-bunt markierten Routen verschiedener Schwierigkeitsgrade und farbenfrohen Klettergriffen wirkt die offen gestaltete Halle sehr einladend. Einen Boulderbereich gibt es auch, wo auf bis zu vier Metern Höhe ohne Sicherungsseil geklettert und auf die weichen Fallmatten wieder abgesprungen werden darf. Im Sommer kann außerdem draußen geklettert wie gebouldert werden. Zahlreiche Kursangebote – auch für Kinder ab fünf Jahren oder für ganze Familien – runden das Angebot der Nordwandhalle ab. Kindergeburtstage werden hier ebenfalls ausgerichtet. Für Zwerge zwischen ein und fünf Jahren gibt es sonntags Kinderbetreuung im Burg-Zimmer, sodass Eltern in Ruhe die Hallenwände erklimmen können. Ausrüstung wie Seil, Schuhe und Gurt lassen sich leihen.

Ach ja, das Bistro-Restaurant *Refugium* gehört auch noch dazu und bietet kleine Snacks sowie Getränke zum Stärken danach.

Am Inselpark 20 | Tel. (0 40) 2 09 33 86 20 |
www.nordwandhalle.de |
Mo–Fr 10–23, Sa/So 10–22 Uhr |
Jugendliche ab 8 €, Erw. ab 10 € |
S-Bahnhof Wilhelmsburg (S3, S31)

Wichtig: Wer eigenständig klettern will, muss über wichtige **Grundkenntnisse des Kletterns und Sicherns** verfügen und die entsprechenden Regeln jederzeit anwenden können.

Altersbeschränkung: Ab 5 Jahren mit Kurs oder Eltern, die Klettererfahrung nachweisen, ab 14 Jahren allein mit Einverständniserklärung, auch Familienkletterkurse buchbar.

DAV Kletterzentrum Hamburg (Lokstedt)

Eigentlich erwartet man im norddeutschen Hamburg nicht die allergrößte Präsenz des Deutschen Alpenvereins (DAV), doch die zwei zusammenhängenden Hallen in Lokstedt beweisen eindrücklich, wie viele Fans und Aktive der Bergsport auch hier hat: Auf über 500 Routen innen und außen kann in der DAV-Anlage geklettert werden, die Schwierigkeitsgrade reichen von Stufe drei bis zehn. Boulderbereiche gibt es ebenfalls. Regelmäßig werden hier tolle Kindergeburtstage ausgerichtet und Eltern-Kind-Kurse angeboten, Kinderbetreuung für den Nachwuchs gibt es hingegen leider nicht.

Altersbeschränkung: Kinder ab 0 mit Kurs oder Eltern, die Klettererfahrung nachweisen, ab 14 Jahren allein mit Einverständniserklärung.

Aber speziell das Bouldern macht auch Jüngeren unter Erwachsenenaufsicht viel Spaß. Zu beliebten Zeiten kann es hier ganz schön voll und laut werden. Insgesamt eine Anlage mit überaus freundlichem Personal, das für alle Fragen zur Verfügung steht und sehr auf die Sicherheit der Kletternden bedacht ist. Für Nicht-DAV-Mitglieder ist ein Ausflug ins Kletterzentrum allerdings leider ein ziemlich teurer Spaß – gerade, wenn man als gesamte Familie mal eben kurz für zwei bis drei Stunden klettern und bouldern möchte.

Döhrnstraße 4 | Tel. (0 40) 60 08 88 66 | www.dav-hamburg.de/kletterzentrum | Mo–Sa 10–23, So 10– 22 Uhr | DAV-Mitglieder ab 12 €, Kinder ab 5 €, Nichtmitglieder 15 €, Kinder ab 6,50 € | Bus (22, 281) bis Haltestelle Oddernskamp

Salon du bloc (Eimsbüttel)

Seit 2008 hat der Salon du bloc an der Grenze von Altona-Nord zum Schanzenviertel seine Tore geöffnet und lädt auf 400 Quadratmetern zum Bouldern ein. Bis zu viereinhalb Meter geht es in der Halle mit angeschlossenem Café in die Höhe. Auch hier gibt es Routen unterschiedlicher Schwierigkeitsgrade, für Kinder sind sie pink markiert. Allerdings bekommen Nachwuchs-Boulderer hier generell erst ab zehn Jahren Zutritt, samstags ausnahmsweise ab acht. Kindergeburtstage finden außerhalb der Öffnungszeiten statt. Es wird ohne Si-

Tipp: **Samstags Familientag:** offen für Kinder ab 8 Jahren (sonst erst ab 10 Jahre!) und Einsteigerkurs für Kinder ab 15 Jahren um 15.15 Uhr

cherung immer in Absprunghöhe über weichen Matten geklettert. Die Preise und die reine Boulderfläche sind vergleichbar mit der Nordwandhalle. Ganz günstig ist ein Familienausflug in den Salon also nicht.

Eppendorfer Weg 4 | Tel. (0 40) 84 50 85 13 | www.salondubloc.de | Mo/Mi 15–24, Di 10–24, Do 10–24, Fr 15–22, Sa 12–18, So 12–22 Uhr | Kinder ab 6 €, Erw. ab 9,50 € | U-Bahnhof Christuskirche (U2) oder U-Bahnhof Emilienstraße (U2)

FLASHH Boulder Spot (Bahrenfeld)

Auch der FLASHH Boulder Spot in Bahrenfeld hat sich rein aufs Bouldern mit Wänden bis zu höchstens fünf Metern über weichem Untergrund spezialisiert. Im Vergleich zum Salon du bloc hat sich diese Halle noch deutlich besser auf Kinder und Familien eingestellt. So gibt es einen speziellen Raum für Kinder, in dem an vergleichsweise niedrigen Boulder-Wänden in Schiffs- und Burgoptik herumgeklettert werden kann. Ein weiterer Raum ist offen für Eltern mit Kindern ab drei Jahren, der dritte Raum bleibt Klet-

Im Kinderraum des FLASHH Boulder Spots dürfen Burg und Schiff erklettert werden.

Altersbeschränkung:
Kinderbereich ab 3 Jahren,
Blocland ab 8 Jahren,
Halle ab 14 Jahren ohne
Aufsicht mit Einver-
ständniserklärung.

terern ab 14 vorbehalten. Samstags und sonntags wird Kinderbetreuung angeboten, um Eltern mal in Ruhe allein herumhangeln zu lassen und die Kindergeburtstags-Programme sind hier auf verschiedene Altersstufen abgestimmt. Zwar hat der Spaß auch in dieser Halle seinen Preis, doch bei der Familienkarte für 29 Euro könnte man mit etwas Zähneknirschen gerade noch von einem fairen Preis-Leistungs-Verhältnis für einen nicht ganz günstigen Sport in einer wirklich lohnenden, modernen Anlage sprechen.

Gasstraße 18 | Tel. (0 40) 38 04 12 70 | www.flashh.de | Mo–Fr 10–23, Sa/So 9–22 Uhr |
Kinder 8,50 €, Erw. 12,50 €, Familienkarte 29 € | S-Bahnhof Bahrenfeld (S1, S11)

● Outdoor-Kletterwände
Kilimanschanzo (Sternschanze)

Als „höchster Kletterberg Deutschlands" beschreibt der Verein Kilimanschanzo e. V. seinen großen bunten Kletter-Bunker mitten im Schanzenviertel. Klettern darf hier fast jederzeit jedes Vereinsmitglied. Um ein solches zu werden, muss eine kurze Kletterprüfung abgelegt werden, in der man Grundkenntnisse des Kletterns nachweist. Jeden Sonntag nachmittag findet in der Saison ein *Offenes Sonntagsklettern* statt, bei dem sich vor allem Familien mit Kindern unter Aufsicht ausprobieren und gegebenenfalls Clubmitglieder werden können.

Generell empfiehlt sich für junge Kilimanschanzo-Kletterer die Mitgliedschaft in der Kili-Jugend, die einmal pro Woche trainiert – im Winter in der Halle. Nach unten hin gibt es hier offiziell keine Altersbeschränkung. Ebenso verhält es sich mit dem Klettern am Kilimanschanzo selbst: Unter Aufsicht von Eltern dürfen Kinder jeden Alters klettern. Sofern die Eltern Vereinsmitglieder sind, tun sie das sogar umsonst, ansonsten ist die Mitgliedschaft zum Kinderpreis nötig. Für kletterbegeisterte Familien mit eigener Ausrüstung ist das Angebot des Kilimanschanzo e. V. auf jeden Fall verlockend und preislich fair!

Schanzenstraße 69 | Tel. (0 40) 25 48 54 29 | www.kilimanschanzo.de |
März–Nov. tgl. 7.30–22 Uhr | Mitgliedsgebühr 96 € pro Jahr, Kinder 36 € pro Jahr |
S-Bahnhof Sternschanze (S11, S21, S31) oder Bus 115 bis Schulterblatt

Egal, ob groß oder klein – an den Kletterwänden (wie hier am Kilimanschanzo) darf nur gut gesichert der steile Aufstieg ausprobiert werden.

Kletterwand des HausDrei im August-Lütgens-Park (Altona)

Der sogenannte *Kletter-August* ist eine 20 Meter hohe Bunkerwand mit Klettergriffen, die das Kulturzentrum HausDrei in Altona-Altstadt betreibt. Von April bis Oktober darf hier jeden Samstag zwischen 15 und 18 Uhr unter Anleitung kostenlos geklettert werden. Ein tolles Angebot für Familien!

Wer das Klettern richtig lernen möchte – egal ob Jugendlicher oder Erwachsener – hat dazu in den vom HausDrei angebotenen Kursen die Möglichkeit. Zweimal drei Stunden kosten 30 Euro, die Ausrüstung wird gestellt. Und sofern Kletterkenntnisse nachgewiesen werden können und man die Wand regelmäßig nutzen möchte, ist das für 10 Euro mit der „Klettercard" möglich. Für Hobby-Kletterer, die nahebei wohnen, ein gutes Angebot.

Hospitalstraße 107 | (0 40) 38 89 98 | Apr.–Okt. Sa 15–18 Uhr freies Klettern, sonst auf Anfrage | freies Klettern samstags kostenlos, „Klettercard" 10 €, Kurspreis 30 € | S-Bahnhof Holstenstraße (S11, S21, S31) oder Bus (20, 25, 115) bis Max-Brauer-Allee (Mitte)

Ponyreiten

Rund um Hamburg bieten sich für pferdeverrückte Kinder die diversen Reiterhöfe an, um ganz unkompliziert einmal Ponyreiten zu gehen. Hübsche grüne Landschaften gibt es meist gratis dazu. Und in vielen Fällen kann der Familienausflug durch ein Essen oder eine Kaffeepause in einer gemütlichen, nahe gelegenen Gaststätte abgerundet werden. Also los!

Pony-Hof Niendorfer Gehege

Ernie, Bert, Pim und Co. sind im Niendorfer Gehege keinesfalls Helden aus der Sesamstraße, sondern friedliebende Ponys, die Kinder ab zwei Jahren durchs Niendorfer Gehege tragen. Mama, Papa, Oma oder Opa dürfen führen. Sowohl die Strecken in diesem Hamburger Waldgebiet sind hübsch und idyllisch als auch das nahe gelegene *Waldcafé Corell*, in dem sich vor oder nach dem Reiten gestärkt werden kann. Außerdem sind die Ponyhof-Besitzer stets freundlich und sehr bemüht um die Kleinen. Allerdings bieten sie keine Helme zum Mieten an. Es ist daher ratsam, einen kleinen Fahrradhelm selbst dabei zu haben. Der einzige Minuspunkt: Zur nächsten Bushaltestelle sind es gut 20 Minuten Fußweg. Angesichts der hübschen Lage ist ein Spaziergang aber durchaus empfehlenswert.

Niendorfer Gehege 50 | Tel. (0 40) 58 23 41 | Di–Fr 14–17.30, Sa/So 10–17.30 Uhr | 9 € für 30 Minuten, 16 € für 60 Minuten | Bus 181 bis Niendorfer Gehege, dann ca. 20 Min. Fußweg

Im Klövensteen gibt es einen Pony-Rundweg von etwa anderthalb Kilometern Länge

Pony-Waldschänke (Klövensteen)

Im Klövensteen am westlichen Hamburger Stadtrand befindet sich ruhig und beschaulich zwischen den Bäumen gelegen die 1930 aus einer Jagdhütte entstandene Pony-Waldschänke – ein großes, traditionelles Ausflugslokal neben einem Ponyhof. Etwa 15 Ponys unterschiedlicher Größe können hier geputzt, gestriegelt, an der Longe geführt oder stundenweise geliehen werden. Doch Eltern sollen nicht im Restaurant entspannen, sondern dürfen die Tiere durch das schöne Waldgelände mit zahlreichen extra ausgewiesenen Reitwegen führen, während die stolzen Kinder auf dem Ponyrücken sitzen.

Hinterher oder zwischendurch gibt es eine große Eisauswahl am Kiosk und es kann sich auf dem nahegelegenen Spielplatz ausgetobt werden. Sehr angenehm: Der Parkplatz an der Waldschänke ist kostenfrei. Ohne Auto ist man hier allerdings auch etwas aufgeschmissen. Einzig ein Spaziergang oder eine kleine Fahrradtour für die gut dreieinhalb Kilometer ab dem S-Bahnhof Rissen lassen sich noch empfehlen. Ein Ausflug hierher lässt sich dann aber auch gut mit einem Besuch im Wildgehege Klövensteen (▶ Seite 27) kombinieren.

Babenwischenweg 28 | Tel. (0 40) 81 23 53 | Di–Fr 14–17, Sa/So 10–17 Uhr |
9,50 € für 30 Minuten, 17 € für 60 Minuten | S-Bahnhof Rissen (S1) und ca. 40 Min. Fußweg

Ponyhof Meyers Park (Harburg)

Ein relativ unbekanntes, aber sehr hübsches und grünes Fleckchen Hamburg ist der Meyers Park im Hamburger Süden am Rande der Harburger Berge. Der gleichnamige Ponyhof lädt seine kleinen Gäste ab zweieinhalb Jahren dazu ein, die Natur auf dem Pferderücken zu erleben. Auch hier muss selbst geführt werden. Bei Interesse richtet der Hof auch Kindergeburtstage aus.

Besonders einladend ist im Rahmen eines Familienausfluges zum Ponyhof auch der großzügige, nahe gelegene Spielplatz mit Seilbahn, Rutschturm und vielen Klettergelegenheiten. Leider sind die Preise für das Reiten auf einem der 20 gutmütigen Ponys nicht ganz günstig, dafür ist die ÖPNV-Anbindung im Gegensatz zur Pony-Waldschänke oder dem Hof im Niendorfer Gehege ganz gut.

Stader Straße 203b | Tel. (0 40) 38 68 18 77 | Mo–Fr 15–18, Sa/So 11–18 Uhr |
Kosten pro Ponyrunde (circa 450 Meter): 3 € | S-Bahnhof Heimfeld (S3, S31) oder
Bus (141, 241, 251) bis Haltestelle Krankenhaus Mariahilf

Tolle Läden für Kinder

Nicht nur Spielzeugläden sind für Kinder von Interesse. Auch ungewöhnliche Shops, die sich auf kreative, kindgerechte Waren spezialisiert haben, können mit Kindern einen Ausflug wert sein. Gerade jüngere Kinder kommen aus dem Staunen kaum noch heraus, wenn sich ihnen plötzlich eine scheinbar riesige Welt bunter Bonbons oder voller Teddybären eröffnet.

Bonscheladen (Ottensen)

Klein, aber fein und umsonst: Im Bonscheladen im Altonaer Stadtteil Ottensen kann man täglich zugucken, wie Bonbons auf dänische Art hergestellt werden. Wochentags gibt es jeweils um 16.15 Uhr, samstags um 14.30 Uhr eine Schauvorführung. Da werden Kinderaugen groß vor Freude – schon bevor probiert werden darf. Aber Achtung: Es ist eng im Laden, rechtzeitiges Kommen sichert die besten Plätze. Doch selbst ohne die Live-Bonbonproduktion ist der Laden einen Besuch wert, denn die vielen hübschen Dosen mit bunten Bonbons bieten einen tollen Anblick, immer mal wieder wird auch lustige Kunst ausgestellt. Bonbons mit integrierten Kleeblättern, Ankern, St. Pauli-Totenköpfen, Herzen und vielem mehr sind außerdem tolle, originelle Hamburg-Souvenirs!

Tipp:
Ottensen ist ein spannendes Viertel zum Flanieren und Kaffeetrinken, und der Bonscheladen liegt mittendrin. Hier sollte man auf jeden Fall vorbeikommen!

Friedensallee 12 | Tel. (0 40) 41 54 75 67 | www.bonscheladen.de |
Di–Fr 11–18.30, Sa 11–16 Uhr | Bahnhof Altona (S1, S11, S3, S31) oder Bus 2 bis Fabrik

Happy Day Lienau (Eppendorf)

Ein ganz normaler Kindergeburtstag ohne Motto oder spezielle Unternehmung ist im Kinderalltag heutzutage eher die Ausnahme – bei Happy Day Lienau gibt es all das, was für eine spannende Party von Nöten ist. Bunte Luftballons, Einladungskarten, Kostüme und noch vieles mehr gibt es in dem kleinen Laden in einer Nebenstraße des Eppendorfer Baums zu entdecken. Bunte dreieckige Wimpel weisen Eltern und ihre Sprösslinge schon von Weitem darauf hin, wo die vielfältige Geburtstags-Ausstattung zu finden ist. Egal, ob man sich als Motto einen Piraten- oder einen Grusel-

Bei so vielen Bonbons wie im Ottenser Bonscheladen fällt die Auswahl schwer

Geburtstag überlegt hat: in den Regalen von Happy Day Lienau finden sich auf etwa 60 Quadratmetern Ladenfläche dazu passende Teller, Becher, Strohhalme, Deko-Artikel, Kerzen und selbstverständlich auch ein passendes Outfit in den gängigen Kinder-Größen. Sogar an „Krimskrams" für die beliebten kleinen Geburtstagstüten wurde gedacht. So macht Party-Shopping Spaß!

Hochallee 128 | Tel. (0 40) 46 09 32 28 | www.spielzeug-lienau.de/happy-day-lienau | Mo–Fr 10–18, Sa 10–16 Uhr | U Eppendorfer Baum (U3 oder Bus 114)

Pappnase & Co. (Rotherbaum)

Einrad fahren, jonglieren, Diabolo spielen – welches Kind träumt nicht einmal von einer großen Zirkus-Karriere und ist bereit, dafür auch kräftig zu üben! In dem bunt dekorierten Laden Pappnase & Co. im Herzen des Uni-Viertels gibt es dazu alle nötigen Utensilien zu erwerben. Bunte Jonglierkeulen und lustige Clownsnasen in unterschiedlichsten Variationen zählen zur Grundausstattung des Ladens. Neben Artistik, Zirkus, Theater, Bewegung und Spiel hat Pappnase & Co.

Tipp:
Die vielen kreativen Kleinigkeiten zwischen 50 Cent und 4 Euro von Pappnase & Co. eignen sich perfekt zum Befüllen von Adventskalendern!

auch kreative Artikel für Geburtstagsfeiern sowie stets eine originelle Geschenkidee im Sortiment. Zu Haupt-Uni-Zeiten wird es in dem kleinen Laden manchmal eng, aber junge Nachwuchs-Artisten lassen sich davon hoffentlich nicht abschrecken.

Grindelallee 92 | Tel. (0 40) 44 97 39 | www.pappnase.de/ladengeschaeft-in-hamburg |
Mo–Fr 10–19, Sa 10–16 Uhr | Bus (4, 5) bis Grindelhof

Deko-Fun-Treasure (Bramfeld)

„Gehen wir mal zum Grusel-Laden?" Unter Kindern genießt der Kostüm- und Partyzubehör-Shop den Ruf als Hamburgs erste Adresse, wenn es um tolle Kostüme zu Fasching oder Halloween geht. Und wenn zwischendurch mal Silvester oder eine Fußball-WM stattfindet, ist der Laden mit dem sperrigen Namen auch hierauf mit den passenden Outfits und Accessoires vorbereitet. Zwischen Masken, Perücken, falschen Zähnen und Scherzartikeln findet sich auch für den ideenlosesten, größten Partymuffel noch das passende Outfit zur nächsten Motto- oder Kostümparty!

Bramfelder Chaussee 231 | Tel. (0 40) 64 22 46 66 | www.deko-fun-treasure.de |
Mo–Fr 10–18.30, Sa 10–14 Uhr | Bus (8, 118, 173, 273) bis Bramfelder Dorfplatz

Was das Herz begehrt (Barmbek)

Weiße Häschen aus Ferrero-Kugeln, Muffins mit herauslugendem Maulwurf oder auch kleine grüne Lolli-Aliens. All das gibt es in Hamburgs bestem Cupcake-Laden, der große Suchtgefahren birgt. Hier sind die Bäcker und Konditoren mit viel Liebe am Werk und basteln auch zu speziellen Anlässen wie WM, Halloween oder zu Fernsehserien wie der Sesamstraße individuelle, süße Schätze. Darüber hinaus gibt es hochwertige Schokolade unterschiedlichster Geschmacksrichtungen und auf Bestellung auch individuell designte Torten. Zum selbst Vernaschen sind die tollen Stücke im Laden eigentlich viel zu schade.

Kinder können hier auch einfach nur ewig gucken und staunen. Auch die helle skandinavische Holz-Deko und ein paar Stühle laden zum Verweilen in dem bunten Ambiente ein. Erwachsene können hier auch Kurse belegen, in denen selber kreative Cupcakes hergestellt werden. Die sind als individuelle Geschenke hinterher garantiert der Renner – auch beim Nachwuchs!

Fuhlsbüttler Straße 157 | Di–Fr 12–18, Sa 11–15 Uhr | www.wasdasherzbegehrt.com |
S-/U-Bahnhof Barmbek (S1, S11, U3) oder Bus 177 bis Hellbrookstraße

Mitmachangebote für Kinder

Sei dabei, mach mit! Am besten lernen und entdecken Kinder Neues, wenn sie es selbst spielerisch ausprobieren können. Die Kinderküche oder der Verkehrsübungsplatz jumicar sind dafür gute Beispiele. Allerdings ist es auch erlaubt, beim Mitmachen mal einfach nur Spaß zu haben – wie zum Beispiel auf dem riesigen Jahrmarkt Hamburger DOM!

Der Hamburger DOM (St. Pauli)

Dreimal im Jahr findet auf dem Heiligengeistfeld für jeweils einen Monat Norddeutschlands größtes Volksfest statt: der Hamburger DOM. Über 260 Schausteller mit Karussells, Geisterbahnen, Irrgärten, Schieß- und Losbuden sowie Kulinarischem aller Art lassen Kinderherzen sofort höher schlagen. Insgesamt ist ein DOM-Rundgang fast drei Kilometer lang. Täglich ab 15 Uhr geht es los, und nachmittags ist meist noch wenig los. Doch wer hier mit Kindern hingeht, braucht starke Nerven, denn an jeder Ecke lauert die Verlockung, Geld auszugeben.

Heiligengeistfeld | Zugang z. B. über Feldstraße | www.hamburg.de/dom |
U-Bahnhof Feldstraße (U2) oder U-Bahnhof St. Pauli (U2)

Spartipp:
Mittwochs ist **Familientag,** da ist alles etwas günstiger. Außerdem gibt es teilweise Vergünstigungen, wenn man eine Tages- oder Gruppenkarte des HVV vorlegt.

Bunte Lichter und flotte Fahrgeschäfte bieten Kindern auf dem DOM viel zum Gucken

Circus Mignon (Osdorf)

Altersbegrenzung:
Zugucken ab
ca. 4 Jahren,
mitmachen ab
9 Jahren!

Der Circus Mignon ist eine Art sesshafter Dauerzirkus mit unregelmäßigen Terminen. Hauptaufgabe des Unternehmens ist der Zirkusunterricht für angehende kleine Akrobaten ab sechs Jahren. Außerdem gibt es Gastronomieangebote, Kindergeburtstags- und Ferienprogramme. Und in unregelmäßigen Abständen führt der Circus märchenhafte Shows mit kleinen, großen, dicken, dünnen, alten und jungen Akrobatinnen und Akrobaten auf. Die Shows sind dabei so verschieden wie die Teilnehmer selbst und auf jeden Fall empfehlenswert!

Villa Mignon | Osdorfer Landstraße 380 | Tel. (0 40) 32 08 28 02 | www.circus-mignon.de | Kinder ab 5€, Erw. ab 10 € | S-Bahnhof Iserbrook (S1) oder Bus 1 bis Am Botterbarg

Verkehrsübungsplatz jumicar (Rahlstedt)

Nein, das hier ist keine Kartbahn mit Raserlizenz! Bei jumicar steht neben dem Spaß am Fahren für kleine Fahrzeuglenker ab sechs Jahren eindeutig auch der Lerneffekt im Vordergrund. In den motorbetriebenen Miniautos mit Gas-und Bremspedal ist das Anschnallen Pflicht, außerdem gibt es einen Helm auf. Und dann darf das große Gelände erkundet werden, aber bitte nach Straßenverkehrsordnung! Mit maximal 20 km/h geht es in den Schilderwald, geschulte Betreuer sind mit im Gelände, um bei Bedarf die Verkehrsregeln zu erklären. Kleine Nachwuchs-Fahrer, die Ehrgeiz entwickeln, können bei jumicar sogar (nach genügend Übungsstunden) einen Kinder-Führerschein inklusive schriftlicher Prüfung machen.

Tipp:
Geburtstag feiern kann man hier auch, und der besondere Clou: Mit genügend Platz und Kleingeld lässt sich jumicar sogar mieten!

Heestweg 1 | Tel. (0 40) 6 77 74 41| www.jumicar-hamburg.de | Apr.–Okt. Di–Fr 15–19, Sa/So 12–19 Uhr | Einzelfahrt 3,50 €, Beifahrer 0,50 €, 10-er Karte 29 € | Bahnhof Rahlstedt (RE8, RE80, RB81) oder Bus 26 bis Liliencronpark

Megaball (Bergedorf)

Schon einmal im Ball übers Wasser gelaufen? In Bergedorf ist das möglich! Und zwar in überdimensionalen, durchsichtigen Wasserbällen auf dem Schlossteich, die per Leine im Notfall jederzeit wieder ans Ufer gezogen werden können. Einmal den Teich per Ball zu erkunden ist auf acht Minuten

Gar nicht so einfach, sich in einem Megaball lange auf den Beinen zu halten.

angelegt! In der großen, länglichen Wasserrolle darf sogar zu zweit übers Wasser gewandelt werden, sofern das Höchstgewicht von 90 Kilo nicht überschritten wird. Ein echtes Familien-Sommervergnügen mit tollem Ausblick aufs Bergedorfer Schloss. Und zur Erholung danach wartet das leckere Eiscafé gleich nebenan.

Alte Holstenstraße 75 | Tel. (01 76) 50 51 56 44 | www.wasserball-bergedorf.de |
Apr.–Sep. Mi–Fr 14–18, Sa/So 12–18 Uhr | Kinder 5 €, Erw. 6,50 € für 8 Minuten|
S-Bahnhof Bergedorf (S2, S21)

Kinderküche (Eimsbüttel)

Wer mit anderen Kindern zusammen mal einen Darth-Vader-Burger zubereiten oder ein Drei-Gänge-Vampirmenü kochen will, ist in der Kinderküche goldrichtig. Passend zur Jahreszeit sowie verschiedenen, kindgerechten Themengebieten wird hier in Kleingruppen von sechs bis acht Kindern unter fachkundiger Anleitung gekocht und das eigene Werk hinterher natürlich auch stolz verzehrt. Da darf nach Herzenslust geknetet, gerührt, geschnippelt und genascht werden. Die meisten Zutaten sind bio, teilweise selbst hergestellt. Wer hier einen Kindergeburtstag bucht, kann bei der Menüauswahl auch noch mitreden. Zwar ist das Angebot der Kinderküche nicht ganz günstig, aber dank viel Liebe und Sachverstand der Kursleiterinnen lohnt sich das Vergnügen für die Kleinen.

Langenfelder Damm 14 | Tel. (0 40) 28 51 08 57 | www.diekinderkueche.de |
Kleiner Kochkurs bis 2 Stunden 15 €, 3-stündiger Kochkurs 29 € | Bus 4 bis Sartoriusstraße

Kindergeburtstag

Prinzessin sein 5+

Einmal als Prinzessin oder Prinz durch ein Schloss wandeln: In tollen historischen Kostümen dürfen kleine Geburtstags-Gesellschaften in Ahrensburg durch das dortige Schloss streifen und an der gräflichen Geburtstagstafel Platz nehmen. Darüber hinaus gibt es ein Rollenspiel, das quer durchs Schloss führt und spannende Infos für die jungen Adeligen bereithält. Spiele und Basteleien unter Anleitung des Personals runden diesen Ausflug ins vorletzte Jahrhundert ab. Insgesamt drei Stunden dauert die fabelhafte Reise für Kinder im Alter von 5 bis 10 Jahren.

Schloss Ahrensburg | Lübecker Straße 1 |
Tel. (0 41 02) 4 25 10 |
www.schloss-ahrensburg.de |
Bahnhof Ahrensburg (RB81)

Cowboy spielen 5+

Mit Cowboyhut und Lasso die wilde Prärie zu erobern, lässt sich auf der Norderstedter Miniranch nachspielen. Zwischen Heuballen, Ziegen, Kaninchen und vielen Pferden gibt es das Geburtstagsessen hier im *Buffallo Bill Saloon* oder auf der *Bull Terrace*. Danach dürfen Pferde aus dem Stall getrieben, Schätze gesucht, durchs Tipi gekrochen und geritten werden. Für Mädchen wie Jungs ein großer Spaß!

Miniranch Norderstedt | Wehlenhold 1 |
Tel. (0 40) 60 92 88 00 |
www.miniranch.de | U-Bahnhof Garstedt
(U1), dann langer Fußweg

Bus schieben

Im Busbetriebshof Schenefeld dürfen Geburtstagskinder gemeinsam einen Bus schieben, wilde Kurvenfahrten erleben und einmal hinterm Steuer sitzen.

Osterbrooksweg 73 | www.vhhbus.de |
Bus (186, 285) bis Busbetriebshof

– einmal anders

Geburtstags-Schatzsuche im Wald

Eine kleine Waldschule betreibt die *Schutzgemeinschaft deutscher Wald* im Niendorfer Gehege in Hamburgs Norden. Maximal 12 Kinder zwischen 6 und 10 Jahren können hier Geburtstag feiern und dabei in dem riesigen Gelände zwischen Damwild und hohen, alten Bäumen auf Schatzsuche gehen. Dabei wird ganz nebenbei viel über Flora und Fauna des Wäldchens gelernt. Im Anschluss gibt es Stockbrot sowie die Möglichkeit, den Spielplatz unsicher zu machen. Auf in den Wald!

Schutzgemeinschaft Deutscher Wald |
Ariane Schwarz | Lokstedter Holt 46 |
Tel. (0 40) 53 05 56 12 |
www.sdw-hamburg.de |
Bus (5, 23) bis Vogt-Cordes-Damm

Sterne entdecken

Wie entsteht eine Mondfinsternis, welche Planeten gibt es in unserem Sonnensystem und wo entdeckt man eigentlich das eigene Sternbild am Himmel? Alle Fragen rund um Himmelszelt und Universum darf die Geburtstagsschar in der Sternwarte in Bergedorf stellen, wenn hier gefeiert wird. Je nach Alter werden von den Himmels-Pädagogen kleine, spannende Rallyes mit verschiedenen Themenschwerpunkten veranstaltet oder eigene Sternenhimmel gebastelt. Eltern dürfen derweil im Park rund um die Sternwarte entspannen. Oder sie trinken etwas Leckeres im Café *Raum & Zeit*. Dort gibt es abschließend auch für die Kinder den Geburtstagskuchen.

Sternwarte Hamburg |
August-Bebel-Straße 196 |
Tel. (0 40) 47 19 31 30 |
www.sternwarte-hh.de |
S-Bahnhof Bergedorf (S2 ,S21), dann
Bus (228, 8890) bis Holtenklinke

Geburtstag auf Inline-skates  **5+**

Klassische Geburtstagsspiele wie Topfschlagen mal ganz anders: auf Inlineskates! Dieses Angebot macht die *Hamburger Inline-Skating Schule* Geburtstagsgesellschaften mit Kindern ab fünf Jahren. Je nach Vorerfahrung und Alter stimmen die Kursleiter das Programm individuell auf die Gruppe ab: Für kleinere gibt es spielerische Anleitung zum Skaten, die etwas größeren dürfen auch über Rampen fahren oder Inline-Hockey spielen. Schuhe und Schoner werden bei Bedarf gegen geringen Aufpreis bereitgestellt. Eltern können sich entspannt zurücklehnen, während die Geburtstagsschar durch die Halle am Turmweg im Stadtteil Rotherbaum kurvt. Nur samstags und sonntags.

Hamburger Inline-Skating Schule e. V. |
Geburtstage in der Sporthalle Turmweg |
Tel. (0 40) 4 28 38 36 06 |
www.inline-skating-schule.de |
U-Bahnhof Hallerstraße (U1)

Feuerwehr-Geburtstag

Einmal im Feuerwehrauto zu fahren, bietet für viele Kinder noch Wochen später reichlich Gesprächsstoff! Der Feuerwehr-Oldtimer von Lutz Heimhalt macht es möglich, Geburtstagsgesellschaften von bis zu sieben Kindern abzuholen und den Nachwuchs-Rettern rund drei Stunden Betreuung zu bieten. Dabei wird mit Popcorn-Maschine ein Ausflug ins Grüne gemacht, wo actionreiche Feuerwehr-Spiele mit Seilen, Schläuchen und Pumpen auf die Geburtstagsschar warten. Für kleine Jubilare mit Begeisterung für den Rettungsdienst dürfte dieser Geburtstag auf jeden Fall ein unvergessliches Highlight sein!

Lutz Heimhalt | Tel. (01 57) 72 78 12 02 |
www.feuerwehr-kindergeburtstag.de

Seife gießen, filzen, tischlern – handwerkliche Geburtstage

Die Möglichkeiten für kreative Kindergeburtstage sind in Hamburg nahezu unbegrenzt. T-Shirts gestalten, Keramik bemalen oder töpfern hat beispielsweise die Osdorfer Kunstschule *Simsalabunt* im ELBE Einkaufszentrum im Angebot.

www.simsalabunt.de

Alles rund ums Thema Holz ist in der Altonaer *Werkkiste* möglich. Kinder ab 5 Jahren können hier von Vogelhäusern bis zu Indianerpfeilen fast alles selbst herstellen und ihrer Kreativität unter fachkundiger Anleitung freien Lauf lassen.

www.die-werkkiste.de

Kleine, bunte Wohn-Accessoires können Geburtstagsgesellschaften ab 8 Jahren auch bei Karolin Leyendecker in ihrem Atelier *Möbelverrückt* in Hamburg-Wandsbek gestalten. Bunte Schlüsselbretter oder Holzschalen tragen die jungen Künstler hier nach drei Stunden Geburtstagsfeier stolz mit nach Hause.

www.moebelverrueckt.de

Bauernhof-Geburtstag

Auch auf dem Bauernhof können Hamburger Großstadtkinder zwischen Pferden, Schweinen und Gänsen tolle Geburtstagspartys verbringen. Vor allem im Sommer bietet sich das richtig an. Etliche Bauernhöfe, die auch im Kapitel „Ausflüge – Ab aufs Land" (▶ Seite 116) beschrieben sind, richten ebenfalls Kindergeburtstage aus.

Ponyreiten auf Freddy und Tarzan, Hüpfen in der Strohburg und eine Schatzsuche sind die Geburtstags-Highlights auf *Hof Eggers* bei Bergedorf.

www.hof-eggers.de

Ein ähnliches Programm bietet auch der *Moorfleeter Harderhof*.

www.harderhof-kinderfeste.de

Trecker fahren, Tiere streicheln und Spiele spielen können kleine Geburtstagskinder auf *Gut Wulksfelde* im Norden Hamburgs kurz hinter der Stadtgrenze.

www.gut-wulksfelde.de

Sämtliche Bauernhof-Angebote dauern circa zweieinhalb bis drei Stunden und bieten jeweils die Möglichkeit, vor Ort auch Kuchen zu essen oder Picknick zu machen.

Kultur & Unterhaltung

Wie kleine Könige und Königinnen sitzen im *Theater für Kinder* alle auf goldenen Stühlen, gepolstert mit rotem Samt – ein Markenzeichen des Hauses!

Theater für Kinder
▸ Seite 80

Theater, Oper, Museen und Bibliotheken ziehen nicht nur ältere Semester in ihren Bann. Speziell mit kindgerechten Ausstellungen und Darstellungen sind die Kleinen zu begeistern. Aber auch an vermeintlich „erwachsene" Angebote gehen Kinder häufig mit großer Neugier heran und entdecken plötzlich Details oder stellen Fragen, die sonst vielleicht unbeachtet geblieben wären. In diesem Kapitel finden sich die besten Kultur-Tipps, die speziell auf Kinder zugeschnitten sind: vom Theaterschiff bis zum Kinderbuchladen.

Erlebnis-Ausstellungen für Kinder

Tipp:
Speziell sonntags lohnt sich ein Museumsbesuch: Unter dem Motto **Sonntagskinder** bieten zahlreiche Ausstellungsstätten dann ein actionreiches Kinderprogramm an. Eine Auswahl der besten Aktivitäten gibt es unter: www.familienkultour.de/kultur/hamburg/sonntagskinder-aktionen-in-hamburger-museen.

Ausstellungen sind voll öde? Das muss nicht sein! In Hamburg lässt sich von spannenden, ungewöhnlichen Ausstellungen wie dem Miniatur Wunderland über erlebnisreiche Vergangenheits-Erzählungen wie im Hamburg Dungeon bis hin zu kindgerechten Ausstellungen in Museen und Galerien jede Menge lernen und erleben. Und Papas Geldbörse freut sich vielerorts gleich mit, denn zahlreiche kulturelle Einrichtungen bieten für Kinder unter 18 Jahren freien Eintritt.

Hamburg Dungeon (Speicherstadt)

Hier ist Spannung garantiert! Das Hamburger Dungeon erzählt, wie auch seine „Verwandten" in London oder Amsterdam, die Geschichte der Hansestadt in Form einer Geisterbahn. Dunkle Gestalten wie Piraten, Henker oder Pest-Erkrankte werden von Schauspielern dargestellt und führen die Dungeon-Besucher in düsterer Atmosphäre durch das Erlebnis-Museum. Dabei sollte man stets auf der Hut sein – Fahrstühle sind hier selten ohne Komplikationen unterwegs.

Leider eignet sich das Dungeon aufgrund der vielen Grusel-Elemente schlecht für Kinder unter neun oder zehn Jahren! Kleinere werden auch nicht reingelassen. Für alle Älteren – und natürlich auch für Erwachsene allein – ist es eine spannende Möglichkeit, Hamburger Stadtgeschichte zu erleben. Die Schauspieler müssen bezahlt werden, daher hat das Vergnügen durchaus auch seinen Preis. Es lohnt sich, im Vorwege Karten über das Internet zu buchen. Dadurch kann gespart und gegebenenfalls auch die Warteschlange umgangen werden!

Kehrwieder 2 | Tel. (0 18 06) 66 69 01 40 (Achtung! Callcenter mit hohen Anrufpreisen) | www.thedungeons.com/hamburg | tgl. 10–18 Uhr | ab 25,50 € pro Person, bei Internet-Buchung ab 17,50 € | S-Bahnhof Stadthausbrücke (S1, S3) oder U-Bahnhof Baumwall (U3) oder U-Bahnhof Überseequartier (U4)

Miniatur Wunderland (Speicherstadt)

Nicht nur für eingefleischte Modelleisenbahn-Fans ist das Miniatur Wunderland ein absolutes Muss. Hier ist in den letzten Jahren eine beeindruckende Landschaft im Mini-Format entstanden, die Groß und Klein vor allem durch ihren Detailreichtum zu begeistern vermag. Und die Miniatur-Welt wächst immer noch weiter! Bisher sind hier fast 1000 Züge auf 1300 Quadratmetern unterwegs, 2020 sollen es 1300 Modellbahnen sein. Wer möchte, kann bei den mehrmals täglich stattfindenden Führungen hinter den Kulissen Modellbauern bei der Arbeit an neuen Landschaften über die Schulter gucken. Im Miniatur Wunderland braucht man ein neugieriges Auge fürs Detail! Dann entdeckt man in Bayern winzige Bierzelt-Besucher, die ihr Glas heben, in der Schweiz läuft gerade ein großes Konzert von DJ Bobo, und in den Alpen hat ein von der Straße abgekommenes Auto einen riesigen Rettungseinsatz verursacht. Unbestrittenes Highlight ist allerdings der Flughafen des Phantasielandes *Knuffingen*. Hier starten und landen Flugzeuge im Miniaturformat, während auf dem Rollfeld geschäftig Gepäck- und Tankwagen umherfahren und die An- und Abflugtafeln ste-

Nichts für schwache Nerven: Das *Hamburg Dungeon* ist eine Art Geschichts-Geisterbahn.

tig dem aktuellen Geschehen angepasst werden. Die unterschiedlichen Landschaften des Wunderlandes erstrecken sich über zwei Stockwerke eines alten Backsteinspeichers in der Speicherstadt. Fahrstühle machen die Ausstellung zwar barrierefrei, mit Kinderwagen ist sie trotzdem nicht ganz einfach zu besuchen, denn das Miniatur Wunderland hat einen Nachteil: Es ist fast immer rappelvoll! Knapp 800 Besucher sind gleichzeitig im Ausstellungsraum zugelassen, und wenn so viele wirklich drin sind, wird es eng. Am besten geht man abends nach 19 Uhr, um den größten Besucheransturm zu vermeiden, doch mit kleinen Kindern ist das leider nicht immer praktikabel. Realistischer ist es dann, einmal auszunutzen, wenn das Kind schon um 6.30 Uhr wach war und gleich mit Eröffnung des Miniatur Wunderlandes morgens um 8 Uhr zu den ersten Besuchern zu gehören. Informieren Sie sich am besten vorher im Internet, wann im Miniatur Wunderland ein geringes Besucheraufkommen zu erwarten ist. Die Betreiber geben dazu stets aktuell Prognosen für die kommenden Tage ab, die erstaunlich verlässlich sind. Außerdem kann man sich durch Vorbestellung von Karten im Internet lästige Wartezeit ersparen. Generell sollten Sie sich für einen Besuch im Miniatur Wunderland mindestens zwei Stunden Zeit nehmen – mit Kindern, die besonders neugierig sind, lassen sich auch locker drei oder vier Stunden dort verbringen!

Kehrwieder 2 | Block D | Tel. (0 40) 3 00 68 00 | www.miniatur-wunderland.de |
in der Hauptsaison tgl. 8–23 Uhr | Kinder unter einem Meter gratis, bis 15 Jahre 7,50 €,
Erw. 15 € | U-Bahnhof Baumwall (U3) oder Bus 6 bis Auf dem Sande

Im Miniatur Wunderland sind viele lustige kleine Details versteckt

Planetarium (Winterhude)

Für Sterngucker jeden Alters hält das Hamburger Planetarium in seinem Programm stets spannende Angebote bereit. So werden ganz kleine Kinder mit Filmen unter der Kuppel spielerisch an die Sternenwelt herangeführt, für Musikliebhaber gibt es häufig auch Shows, in denen Musik mit Sternenbildern und Lichtshows eindrucksvoll untermalt wird. Und dann bietet auch das Hamburger Planetarium natürlich klassische Filme über den Urknall oder ähnliches mit Erläuterung der Sternenwelt. Auf jeden Fall ist das Hamburger Planetarium immer einen Besuch wert – schon die Infos im Foyer sind für kleine Forscher ab circa sechs Jahren spannend. Das Programm variiert natürlich saisonal, ebenso wie die Zeiten der einzelnen Shows. Daher sollte man sich vorher im Internet oder über ausliegende Programme auf jeden Fall informieren!

Der Besuch im Planetarium lässt sich perfekt mit einem Tag im Stadtpark verbinden – mit Freibad-Besuch, Spielplatz und Kaffeepause. Das große, kuppelförmige Gebäude bildet im Stadtpark den Abschluss der großen Liegewiese und ist ein beliebtes Postkartenmotiv, das sich nicht übersehen lässt.

Otto-Wels-Straße 1 | Tel. (0 40) 42 88 65 20 | www.planetarium-hamburg.de | ab 7 € | U-Bahnhof Borgweg (U3) oder Bus 6 bis Borgweg oder Bus 20 bis Ohlsdorfer Straße

Tipp:

Stella die Weltraumkuh – das Kindermaskottchen – hat eine eigene App.

Dialog im Dunkeln (Speicherstadt)

Der Dialog im Dunkeln ist erst für Kinder ab circa sechs oder sieben Jahren geeignet, aber dann ist er – genau wie für Erwachsene – ein unvergessliches Erlebnis. Dabei ist die Idee der Hamburger Dauerausstellung denkbar einfach: Die Besucher werden von Menschen mit Sehbehinderung durch eine komplett abgedunkelte Landschaft geführt und müssen sich – ausgerüstet mit Blindenstock – nur per Gehör und Tastsinn fortbewegen. Dabei entdeckt man spannende Dinge: Briefkästen, Bäume, Brücken und vieles mehr, was uns im Alltag sonst so selbstverständlich erscheint, werden plötzlich zu Highlights. In manchen Führungen ist auch eine Bootstour mit dabei. Die tolle Lage in der Speicherstadt ermöglicht es! Wer am Ende der Tour Durst bekommen hat, kann in einer dunklen Bar noch Getränke bestellen. Bleibt zu hoffen, dass der Barkeeper das Wechselgeld richtig ertastet! Wie bereits erwähnt: ein tolles Erlebnis und für Groß und Klein die

Möglichkeit, einmal den Alltag blinder Menschen im Ansatz nachzuvollziehen. Darüber hinaus liegt die Ausstellung zentral in Hauptbahnhofnähe. Es gibt also keine Ausrede, hier nicht vorbeizugehen! Gerade mit größeren Gruppen oder Kindern ist allerdings eine Reservierung empfehlenswert, um nicht zu lange warten zu müssen. Auch Kindergeburtstage können hier gebucht werden.

Alter Wandrahm 4 | Tel. (0 40) 3 09 63 40 | www.dialog-im-dunkeln.de |
Di–Fr 9–18, Sa/So 10–18 Uhr | Kinder ab 9,50 €, Erw. ab 17 €, auch Familientarife |
U-Bahnhof Meßberg (U1)

Kl!ck Kindermuseum (Osdorf)

In den Osdorfer Born kommen auch eingefleischte Hamburger eher selten, denn die Plattenbausiedlung am westlichen Hamburger Stadtrand ist als Problemviertel verschrien und kämpft trotz seiner exponierten Lage zwischen dem szenigen Ottensen und dem wohlhabenden Rissen noch immer dafür, endlich eine bessere Verkehrsanbindung zu erhalten. Umso überraschender und erfreulicher, dass sich hier ein Hamburger Höhepunkt der „Kultur für Kinder" versteckt.

Seit 2004 sind hier mit viel Liebe gestaltete feste wie wechselnde Ausstellungen zu sehen, die komplexe und spannende Themen kindgerecht aufarbeiten. Fragen wie „Was ist eigentlich Inflation?" in der Dauerausstellung „Geld – und gut" sind auch für Erwachsene hoch spannend. Im Kl!ck-Kindermuseum werden sie nicht nur altersgerecht beantwortet – hier laden viele Fragen auch zum Mitmachen und Ausprobieren ein. So können die Dauerausstellungen „Urgroßmutters Alltag", „Treffpunkt Körper" und ebenjene zum Thema Geld und Wirtschaft spielerisch erkundet werden. Wechselnde Ausstellungen zu anderen für Kinder spannenden Themen kommen immer wieder ins Museum und können beim Museum zeitnah erfragt werden.

Auch wenn man sich über die Schönheit der Umgebung beim Kl!ck-Kindermuseum streiten kann – das Museum selbst ist mit Kindern ab fünf oder sechs Jahren auf jeden Fall die Reise in den Osdorfer Born wert und füllt einen spannenden Vormittag!

Achtern Born 127 | Tel. (0 40) 41 09 97 77 | www.kindermuseum-hamburg.de |
Mo–Fr 9–18, So 11–18 Uhr | 4,50 € pro Person | Bus 21 oder Schnellbus 37 bis Achtern Born

An der riesigen Abdruck- und Schiebewand im *Kl!ck Kindermuseum* lassen sich lustige Muster und Figuren erstellen.

Chocoversum (Altstadt)

Schoko, Schoko, Schoko – wer will da nicht hin?! Das Schokoladenmuseum Chocoversum erklärt alle Infos rund um den süßen braunen Stoff und dessen Herstellung. Natürlich ist das auch was für Erwachsene, aber Kinder sind in der Regel besonders heiß auf diese Dauerausstellung! Gleich am Eingang wird man von Schokoladenduft empfangen und hat während der Führung viele Gelegenheiten zum Naschen. Kinder werden immer wieder zum Mitmachen aufgefordert. Schokolade darf selbst verziert werden und mit Hilfe einer kleinen Rallye macht es noch mehr Spaß, das Schoko-Wissen aufzusaugen. Am Ende wartet der große Shop – hier sollten Eltern ihr Portemonnaie gut festhalten. Für Kinder ab circa fünf Jahren ist dieses Museum auf jeden Fall empfehlenswert, gut erreichbar ist es sowieso.

Meßberg 1 | Tel. (0 40) 41 91 23 00 | www.chocoversum.de | tgl. 10–18 Uhr |
ab 11 € pro Person, Kinder unter 5 Jahren frei | U-Bahnhof Meßberg (U1) oder
Bus (4, 6) bis Brandstwiete

Instrumentenwelt in der Elbphilharmonie (HafenCity)

Schon einmal ein Sousaphon gesehen? In den Kinder-Workshops der Instrumentenwelt darf man es sogar anfassen und ausprobieren! Nahezu 100 Streich-, Zupf-, Holzblas- und Blechblasinstrumente sowie jede Menge Schlaginstrumente stehen in den wöchentlich stattfindenden Kursangeboten für Kinder ab vier oder sechs Jahren bereit. Bis Mitte 2016 waren die Instrumente als klingendes Museum in der Laeiszhalle zu bewundern, nun sind sie ins neue Konzerthaus umgezogen.

Einziger Wermutstropfen: Die Instrumentenwelt-Workshops sind begehrt, spontanes Vorbeikommen funktioniert eher nicht, daher frühzeitig anmelden. Und das sind die leuchtenden Kinderaugen beim Ausprobieren von Posaune und Tuba allemal wert!

Tipp:
Auch kreative **Geburtstagsprogramme** werden in vielen Hamburger Museen angeboten. Einfach mal beim Museumsdienst Hamburg (www.museumsdienst-hamburg.de) informieren. So lässt sich mit viel Spaß feiern und entdecken!

Elbphilharmonie | Platz der Deutschen Einheit | Tel. (0 40) 35 76 66 66 | www.elbphilharmonie.de | je nach Programm ca. 5 € pro Kind | U-Bahnhof Baumwall (U3), Fähre (72) bis Elbphilharmonie Fähranleger oder Bus (111) bis Am Kaiserkai (Elbphilharmonie)

Kinderzeit in der Hamburger Kunsthalle

Das Wochenende steht auch in der Hamburger Kunsthalle voll und ganz im Zeichen der Familie. Jeden Samstag ab 14 Uhr ist *Kinderzeit*, in der kleine Nachwuchs-Künstler eine Führung mitmachen können, bei der die ausgestellten Werke aus Kindersicht erklärt werden. Danach geht es selbst ans Basteln, Malen und Werken! Eltern können derweil auf eigene Faust durch die Ausstellung wandern. Sonntags um 15 Uhr finden Familienführungen statt, bei denen alle gemeinsam zum Beispiel das Rätsel um den Farbendieb lösen dürfen. Noch bis Ende 2015 ist in der Kunsthalle auch der *Kinderraum* präsent, wo aus unzähligen bunten Stäbchen des Künstlers Eliasson eigene Kunstwerke erschaffen und ausgestellt werden dürfen.

Kunsthalle & Galerie der Gegenwart | Glockengießerwall | Tel. (0 40) 4 28 13 12 00 | www.hamburger-kunsthalle.de | Führung Sa 14–17 Uhr für Kinder von 5–12 Jahren, 15.30–16.30 Uhr für Kinder von 3–4 Jahren | Kinder unter 18 Jahren frei, 4 € für die Kinderzeit-Führung, Erw. 14 € | Hauptbahnhof (alle Linien)

Garten der Dinge im Museum für Kunst und Gewerbe (St. Georg)

Schräg hängende Stühle, ein riesiger Blumentopf und eine sprechende Gießkanne – im *Hubertus Wald Kinderraum,* dem sogenannten *Garten der Dinge,* fühlen sich Kinder und Erwachsene plötzlich wie im Märchenreich. Die tolle Idee im Museum für Kunst und Gewerbe ist, dass kleine Besucher in dieser fantasievollen Welt selbst zu Künstlern werden. Ob fotografieren, verkleiden, Schattenspiele machen oder Trickfilme drehen – im *Garten der Dinge* ist alles erlaubt, was Spaß macht. Und sogar einen Blick in den spannenden Nachbargarten kann man erhaschen: Dort sind ein Tiger und ein Papagei versteckt. Das Museum für Kunst und Gewerbe bietet mit dem Garten der Dinge eine tolle Fantasiewelt mit vielen Anregungen, die Eltern wie Kinder zu begeistern vermag und auf jeden Fall einen Besuch wert ist!

Tipp: **Sonntags** ab 15 Uhr gibt es im Rahmen der Hamburger Museumsreihe *Sonntagskinder* hier tolle Aktionen, bei denen gebastelt oder musiziert werden darf.

Museum für Kunst und Gewerbe | Steintorplatz 1 | Tel. (0 40) 4 28 13 48 80 | www.mkg-hamburg.de | Di–So 10–18, Do 10–21 Uhr | Kinder bis 18 frei, Erw. 12 €, erm. 8 € | Hauptbahnhof (alle Linien)

Museum der Illusionen (Innenstadt)

In diesem Museum sind Handykameras ausdrücklich erlaubt! Tricks für optische Täuschungen und faszinierende visuelle Effekte wurden im Museum für Illusionen auf unterhaltsame Weise zusammengestellt. In verschieden gestalteten Räumen kann man hier scheinbar an der Decke laufen, ganz klein oder ganz groß werden. Außerdem bietet sich die Möglichkeit, mit sich selbst Poker zu spielen oder auch mal den Kopf zu verlieren. Dieses kleine, aber feine Angebot unweit des Hauptbahnhofes ist ein lustiger Spaß für Familien mit Kindern ab etwa 6 oder 7 Jahren, die der Welt visueller Tricks im lustigen Selbstversuch auf die Spur kommen wollen.

Lilienstraße 14-16 | Tel. (0 40) 30 70 71 05 | www.hamburg.museumderillusionen.de | tgl. 10–20 Uhr | Kinder 8 €, Erw. 12 €, Familienkarte 30 € | Hauptbahnhof (alle Linien)

Museumsbahn fahren (Aumühle / Geesthacht bis Bergedorf)

Jeden Sonntag von 11 bis 17 Uhr öffnet der historische Lokschuppen in Aumühle seine Tore für Besucher, die historische Waggons, eine Feldbahn und eine Draisine entdecken wollen. Leicht abseits der Straße in Richtung Sachsenwald betreibt ein ehrenamtlicher Verein von Eisenbahnliebhabern dieses Angebot, das eisenbahnbegeisterten Kindern ein Glänzen in die Augen zaubert. Auf Draisine und Feldbahn kann kostenlos mitgefahren werden. Auch etwas weiter östlich vor den Toren Hamburgs, in Geesthacht, ist ein Verein aktiv, der die alte Dampflok *Karoline* betreibt. Sechsmal im Jahr gibt es Fahrten nach Bergedorf – ein perfekter Ausflug für die gesamte Familie!

Aumühle: Am Mühlenteich in Aumühle | Tel. (0 40) 5 54 21 10 (Telefonnummer des Vereins) |
www.vvm-museumsbahn.de | So 11–17 Uhr | S-Bahnhof Aumühle (S21) |
Geesthacht bis Bergedorf: www.herzogtum-lauenburg.de/a-museumseisenbahn-karoline

● Cap San Diego & Rickmer Rickmers

Zwar stechen die beiden alten Schiffe *Cap San Diego* und *Rickmer Rickmers* nicht mehr in See, dafür prägen sie an den Hamburger Landungsbrücken eine tolle Hafenstadt-Kulisse und geben Kindern wie Eltern die Möglichkeit, sich ein bisschen als Kapitäne auf die Nordsee zu träumen. Barrierefrei sind aber leider beide Großsegler nicht – wer sie mit Säugling besuchen will, sollte lieber Tragetuch oder Rückentrage mitnehmen, da man bei der Besichtigung häufig kleine Treppen und enge Gänge überwinden muss.

Der flaschengrüne Dreimaster Rickmer Rickmers ankert dauerhaft im Hafen

Cap San Diego (Neustadt)

Die *Cap San Diego* ist ein alter Stückgutfrachter, der bis 1980 regelmäßig nach Südamerika fuhr. Heute beeindruckt er Besucher vor allem mit seinen riesigen Laderäumen und den großen Maschinen. Gerade kleine Kinder finden das häufig spannend und beeindruckend. Auf der *Cap San Diego* gibt es auch ein Bord-Bistro und einige der Kajüten sind zu Hotelzimmern umfunktioniert worden. Für einen Aufenthalt mit kleinen Kindern ist die Übernachtung hier jedoch wenig empfehlenswert, Babybetten gibt es nicht. Für technik- und seefahrtbegeisterte Kinder ab circa sieben oder acht Jahren kann eine Übernachtung auf der *Cap San Diego* allerdings durchaus ein spannendes Abenteuer sein, von dem sie ihren Freunden noch lange erzählen. Auch spezielle Lesungen und Führungen für Kinder werden angeboten.

Tipp: Zu besonderen Anlässen wie **Hafengeburtstag** oder **Hamburg Cruise Days** sticht der Frachter auch noch in See. Die Mitfahrt ist dann allerdings nicht ganz günstig und muss früh gebucht werden.

Überseebrücke | Tel. (0 40) 36 42 09 | www.capsandiego.de | tgl. 10–18 Uhr |
14 € Familieneintritt (2 Erw., 2 Kinder), Übernachtung ab 95 € fürs Doppelzimmer |
U-Bahnhof Baumwall (U3) oder S-/U-Bahnhof Landungsbrücken (S1, S3, U3)

Rickmer Rickmers (Neustadt)

Mit der *Rickmer Rickmers* liegt ein alter, 1896 gebauter Großsegler heute als Museumsschiff im Hamburger Hafen. Die drei großen Masten, ein 1930 nachgerüsteter großer Dieselmotor sowie ursprüngliche Kajüten und Kombüsen ziehen Besucher auf dem Museumsschiff in den Bann. Zudem gibt es im Schiffsinneren wechselnde Ausstellungen zu maritimen Themen. Neuerdings kann auf der *Rickmer Rickmers* sogar Kindergeburtstag gefeiert werden. Bei einer spannenden Schatzsuche auf dem Schiff lernt man dabei viele spannende Dinge rund um das Thema Seefahrt. Im Bordrestaurant gibt es für die kleinen Entdecker dann auch leckere Kindergerichte zur Stärkung. Bei Fischstäbchen oder Kartoffelpuffer kann man aus den Bullaugen hinaus auf die Elbe blicken. Für ältere Schiffs-Entdecker warten klassische maritime Gerichte vom Labskaus bis zum Hamburger Pannfisch.

Landungsbrücken | Ponton 1a | Tel. (0 40) 3 19 59 59 | www.rickmer-rickmers.de |
tgl. 10–18 Uhr | 12 € Familieneintritt (2 Erw. & Kinder bis 14 Jahre) |
S-/U-Bahnhof Landungsbrücken (S1, S3, U3) oder Bus (111, 112) bis Landungsbrücken

Theater & Musik erleben

Tipp:
Die großen Hamburger Theater wie das Thalia (www.thalia-theater.de), das Schauspielhaus (www.schauspielhaus.de) oder das Ernst-Deutsch-Theater (www.ernst-deutsch-theater.de) bieten in der Vorweihnachtszeit **Weihnachtsmärchen** an.

Riesige Bühne, Sekt in der Pause und Abendgarderobe? Theater geht auch anders! Hamburg bietet auch für Kinder spannende Theater-Erlebnisse in den unterschiedlichsten Kulissen: Das Theater für Kinder und das Fundus-Theater haben sich fast ausschließlich der Bühnenunterhaltung für junge Gäste verschrieben. Hier stehen Kinder auf jeden Fall im Mittelpunkt – und zwar das ganze Jahr über! Auf dem Hoheluftschiff am Isebekkanal stehen sie sogar regelmäßig selbst auf der Bühne. Und zahlreiche andere Spielstätten wie Stadtteilkulturzentren haben immer wieder Kinderaufführungen im Programm.

Theater für Kinder (Altona)

Für alle, die es bunt mögen, ist das Theater für Kinder der richtige Ort! Neben den schicken, roten, samtweichen Theaterstühlen werden insbesondere auf der Bühne knallbunte und kreative Kostüme sowie stets ein farbenfrohes Bühnenbild geboten. Wie im „normalen" Theater gibt es hier jede Saison einen neuen Spielplan mit bekannten Klassikern und weniger bekannten Titeln. Kinder ab drei Jahren können sich an Stücken wie *Kleiner Dodo*, *Froschkönig* und vielem mehr erfreuen.

Mehr als 150 verschiedene Stücke wurden seit Gründung des Theaters 1968 an der Max-Brauer-Allee bereits auf die Bühne gebracht. In der Regel beginnen die Vorstellungen um 15 Uhr und sonntags vormittags um 11 Uhr. Für kleine, kindgerechte Stärkungen in der Pause, vor oder nach der Vorstellung gibt es ein leckeres Bistro im Foyer des Theaters. Die vergleichsweise hohen Eintrittspreise sind vor allem der Tatsache geschuldet, dass hier ausschließlich Musiktheater (mit Live-Musik) geboten und nur mit professionellen Künstlern gearbeitet wird. Ein Besuch lohnt sich auf jeden Fall!

Max-Brauer-Allee 76 | Tel. (0 40) 38 25 38 | www.kindertheater.alleetheater.de | ab 12,50 € pro Person | Bahnhof Altona (S1, S11, S3, S31) oder Bus (15, 20, 25, 183) bis Gerichtstraße

Fundus-Theater (Eilbek)

3+

Etwas weniger prominent platziert als das Theater für Kinder, aber mit mindestens dem gleichen Unterhaltungswert sowie leicht niedrigeren Preisen lockt das Fundus-Theater in Eilbek seine jungen Gäste an. Durch einen kleinen Tor-Durchgang in den Hinterhof in einer Seitenstraße Eilbeks gelangt man zu diesem Juwel der Hamburger Kinderkultur. Ein großzügiges Foyer mit bunten Kinderstühlen und farbenfrohen Säulen empfängt die Theaterbesucher zwischen drei und zwölf Jahren, bevor es in den großen Saal geht. Die Sitzreihen im Theater sind sehr schräg abgestuft, damit alle Theaterfreunde stets den guten Blick zur Bühne haben – egal, ob Kinder oder Erwachsene vor ihnen sitzen.

Vom klassischen Kasperletheater bis zum *Gespenst von Canterville* oder einer Inszenierung rund um die Tücken des Internets ist das Angebot des Fundus-Theaters sehr breit und vielfältig. In einigen Stücken gibt es außerdem musikalische Untermalung. Stets gibt es Altersempfehlungen für

Auf den bunten Stühlen im Foyer des Fundus-Theaters vergeht die Wartezeit bis zum Beginn der Vorstellung wie im Fluge.

die einzelnen Stücke, an die man sich guten Gewissens halten kann. Dieses Theater besticht insgesamt durch viel Liebe zum Kind, tolle, altersgerechte Stücke und faire Theaterpreise. Für kulturbegeisterte Eltern mit Nachwuchs ein Muss!

Hasselbrookstraße 25 | Tel. (0 40) 2 50 72 70 | www.fundus-theater.de | Kinder 7,50 €, Erw. 8,50 € | S-Bahnhof Landwehr (S1, S11) oder Bus 25 bis Landwehr

Hamburger Puppentheater (Barmbek)

Dienstag, Mittwoch, Donnerstag und Sonntag sind in der Regel die Spieltage im Hamburger Puppentheater. Dann tanzen bunte Figuren wie Pippi Langstrumpf, Schmusebär und Kratzekatze oder auch die Bremer Stadtmusikanten geschickt über die Theaterbühne.

Für Kinder ab vier Jahren werden hier in der Regel bekannte Stücke angeboten – pro Spielzeit gibt es sechs bis zehn verschiedene. Einige davon sind Klassiker der Kinder- und Märchenliteratur, andere tragen eher unbekannte Namen. Doch eines haben alle Aufführungen im Puppentheater gemeinsam: Sie begeistern sowohl Kinder als auch Erwachsene mit Kreativität und Witz.

Phantasievolle Kostüme und ausdrucksstarke Schauspieler sind nicht nur im Hamburger Puppentheater auf der Bühne zu sehen.

Die Eintrittspreise sind mit vier bis sechs Euro pro Person sehr human und das Theater gut mit öffentlichen Verkehrsmitteln erreichbar. Dieses Theater ist somit nicht nur für ausgewiesene Puppenfans ein guter Ausflugstipp!

Bramfelder Straße 9 | Tel. (0 40) 23 93 46 00 |
Kartenreservierung Tel. (0 40) 23 93 45 44 |
www.hamburgerpuppentheater.de | ab 4 € pro Person |
U-Bahnhof Dehnhaide (U3) oder S-/U-Bahnhof Barmbek (S1, U3)

Tipp:
Bastelfreudige können im Hamburger Puppentheater in **Kursen** sogar lernen, wie Puppen selbst hergestellt und gespielt werden. Außerdem bietet ein **Abendprogramm** wenige ausgewählte Stücke nur für Erwachsene an.

Theater Zeppelin (HoheluftSchiff)

Der Name dieses Theaters verwirrt: Denn statt in Zeppelin-Art durch die Luft zu fliegen, befindet sich die Spielstätte der Bühnentruppe auf einem Schiff am Isebekkanal. Und noch etwas ist hier besonders: In vielen Stücken, die auf dem Theaterschiff Premiere feiern, stehen Kinder für Kinder auf der Bühne. Sie haben in der Regel die Theaterschule besucht, die zum Zeppelin-Theater dazugehört und jeweils sechs Monate dauernde Kurse für Kinder ab drei Jahren anbietet.

Auch Kindergeburtstage mit Erprobung eines persönlichen Geburtstags-Stückes werden hier veranstaltet. Buchklassiker wie die *Herdmanns* werden von jungen Theaterschülern nach erfolgreicher Probezeit auf dem Theaterschiff zur Aufführung gebracht. Und teilweise gibt es auch Stücke, in denen nur erwachsene gelernte Schauspieler auf der Bühne stehen, um für die Kinder etwas zu inszenieren. Bis zu 60 Zuschauer finden in dem Schiff bequem Platz. Das Theater Zeppelin ist auf jeden Fall ein guter Tipp für Kinder, die überlegen, selbst einmal Theaterluft zu schnuppern!

Tipp:
Mit der **Familienkarte** für bis zu drei Personen gibt es für den Besuch auch preislich ein sehr faires Angebot.

Kaiser-Friedrich-Ufer 27 | Tel. (0 40) 4 22 30 62 | www.theaterzeppelin.de |
Kinder 6,50 €, Erw. 8,50 €, Familienkarte 20 € | U-Bahnhof Hoheluftbrücke (U3)

Hoftheater Ottensen

Etwas versteckt in einem kleinen Ottenser Hinterhof befindet sich das kuschelige Hoftheater Ottensen, das etwa 70 Kindern und Erwachsenen Platz bietet. Wenn großer Andrang ist, wird auch mal zusammengerückt, um ein paar mehr Menschen ein märchenhaftes Theatererlebnis zu bieten. Aber frühzeitige Kartenreservierung bietet sich an, um garantiert reinzukommen. Das funktioniert unkompliziert per Telefon.

Immer freitags, samstags und sonntags präsentiert das Kindertheater „Wackelzahn" im Hoftheater in der Regel Märchenstücke für Kinder, die sehr liebevoll inszeniert sind. Für Kitas und Schulklassen werden ab und zu Sondervorstellungen gegeben. Das junge Publikum, das direkt am Bühnenrand sitzt, wird kreativ mit einbezogen. So müssen die Zuschauer beispielsweise dem tapferen Schneiderlein beim Fliegenfangen helfen. Ein Theaterbesuch hier ist ein Muss für kleine und große Märchenliebhaber!

Abbestraße 33 | Tel. (0 40) 29 81 21 39 | www.hoftheater-ottensen.de | 8 € pro Person |
S-Bahnhof Altona (S1, S3) oder Bus (2, 150, 283) bis Große Rainstraße

Kindertheater im Brakula (Bramfeld)

Das Brakula steht stellvertretend für mehrere Stadtteilkulturzentren in Hamburg, die Theateraufführungen für Kinder regelmäßig in ihrem Veranstaltungsprogramm haben. Zu sehr fairen Preisen wird hier entweder im Rahmen bekannter Märchen oder auch unbekannter Kinderstücke sowie Musiktheater allerfeinste Kultur für Kinder geboten. Über 100 Personen können im Saal des Brakula den fantasievollen Darstellungen auf der Bühne folgen und in der Pause oder danach Snacks und Getränke zu fairen Preisen im angeschlossenen Café genießen. In der Regel sind die Kinder-Theaterstücke für junge Schauspielfans ab vier Jahren konzipiert, im Einzelfall kann das aber variieren. Auf jeden Fall verspricht es einen schönen Theater-Nachmittag! Außerdem bietet das Brakula Sommerferienworkshops für Kinder von acht bis zwölf Jahren zu verschiedenen Themen an.

Bramfelder Chaussee 265 |
Tel. (0 40) 6 42 17 00 | www.brakula.de |
ab 3 € pro Person | Bus (8, 37, 118, 173, 277)
bis Bramfelder Dorfplatz

Tipp:
Auch die **Motte** in Altona (www.diemotte.de) oder die **Honigfabrik** in Wilhelmsburg (www.honigfabrik.de) zeigen in unregelmäßigen Abständen immer wieder **Kinder-Theaterstücke**.

Wer voll und ganz in die Theaterwelt eintaucht, überlegt sich für seine Figuren das Aussehen, den Charakter, die Stimme und sämtliche Eigenarten.

Bücher & andere Medien gucken

Sie sind das zeitloseste aller Spielzeuge für Kinder: Bücher. Schon Kinder ab eins sind von Bilderbüchern und Büchern mit Tast- oder Geräuschelementen zu faszinieren. Und die Leidenschaft für Bilder und Schrift begleitet viele ein Leben lang. Kinder und Bücher zusammenzubringen wird deshalb sowohl privat als auch staatlich vielerorts gefördert. So auch in Hamburg. Alle Hamburger Bücherhallen haben eigene Bereiche für Kinder wie Jugendliche – die „kibi"s und „Hoeb4u"s. Hier eine Übersicht der besten Orte und Läden, an denen kleine Bücherratten gerne gesehen sind.

● Bibliotheken
Kinderbibliothek kibi am Hühnerposten

Allererste Adresse für lesebegeisterte junge Hamburger ist die riesige Zentralbibliothek unweit des Hauptbahnhofes. In allen Hamburger Bücherhallen sind die Ecken für junge Buchentdecker als Kinderbibliotheken, kurz *kibi,* gekennzeichnet, und jene in der Haupt-Bibliothek der Innenstadt ist natürlich am größten. Mehrmals wöchentlich gibt es hier Lese-Veranstaltungen mit Büchern, Gedichten und Musik für Kinder. In den bunt gestalteten verschiedenen Bereichen sind Bücher und andere Medien thematisch

Hamburgs Bücherhallen bieten eine riesige Auswahl für Kinder und Jugendliche

ihrer Umgebung angepasst – so zum Beispiel im großen Goldfischbecken oder im fantastischen Traumhaus. Über 60 000 Medien für Kinder können in der Kibi am Hühnerposten entliehen werden, für Jugendliche gibt es nochmal einen gesonderten Bereich namens *hoeb4u*.

Hühnerposten 1 | Tel. (0 40) 42 60 62 06 | www.buecherhallen.de/kinderbibliothek |
Mo–Sa 11–19 Uhr | 5 € Jahresgebühr für Kinder bis 8 Jahre, 8 € für Jugendliche, bei Last-
schrifteinzug 2 € günstiger | U-Bahnhof Steinstraße (U1) oder Hauptbahnhof (alle Linien)

Kinderbuchhaus im Altonaer Museum

Das Altonaer Kinderbuchhaus ist deutlich mehr als ein Ort zum Lesen: Hier dreht es sich auch ums kreative Schreiben, ums Illustrieren, ums Bücherbinden, ums Theaterspielen, ums Philosophieren und und und … In wechselnden Ausstellungen zeigt das Kinderbuchhaus an seinen Wänden Original-Illustrationen bekannter Kinderbuchautoren. In dieser Kulisse gibt es regelmäßig Lesungen, Theater-Workshops oder Buchbinde-Werkstätten. Immer wieder können Kinder ihren Lieblingsautoren begegnen. Einfach mal auf die Homepage gucken, wann wieder was stattfindet oder spontan vorbeischneien und die Ausstellung genießen.

Museumstraße 23 | Tel. (0 40) 42 81 35 15 43 | www.kinderbuchhaus.de |
Mo/Mi–So 10–17 Uhr | Kinder bis 17 Jahre frei, 2–4 € Teilnahmebeitrag bei verschiedenen
Veranstaltungen | Bahnhof Altona (S1, S11, S3, S31)

Kinder-Leseclub Ida Ehre & andere Stadtteilprojekte **0+**

Eine kleine, aber feine unabhängige Bücherei für Kinder hat sich in der Ida-Ehre-Schule am Isebekkanal etabliert. Sie steht hier stellvertretend für verschiedene kleine Leseclubs, die sich über ganz Hamburg verteilen. Immer mittwochs kann im Leseclub Ida Ehre vorbeigeschaut werden, um in den großen blauen Regalen und Holzkisten mit Büchern zu wühlen und damit in gemütlichen bunten Sitzsäcken zu versinken. Gegen faire fünf Euro Jahresgebühr können fast 1 000 Bücher angeguckt und ausgeliehen werden. Darüber hinaus gibt es zu jeder Öffnungszeit mindestens eine betreute Aktion. Das können Bastelstunden, szenische Lesungen, ABC-Spiele oder andere kleine Aktionen sein. Dienstags darf

Tipp: Auch im Kinderkulturhaus-Lohbrügge (www.kiku-hh.de), im Lesehaus Dulsberg (www.dulsberg.de/lesehaus/) oder auf St. Pauli (www.koelibri.de) sind **ähnliche Initiativen** entstanden.

zwar nicht gestöbert und entliehen werden, dafür erklingen im Leseclub pünktlich um 16.30 Uhr *Gedichte für Wichte* für Kinder ab null Jahren, neuerdings auch manchmal in portugiesischer Sprache. Ein klasse Angebot, um Kindern Lust auf Sprache zu machen!

Schule an der Isebek | Bismarckstraße 83 | Tel. (0 40) 67 95 65 07 | www.leseclub-hamburg.de | Mi 14.30–17 Uhr | Jahresgebühr 5 € pro Kind | U-Bahnhof Hoheluftbrücke (U3) oder Bus 4 bis Kaiser-Friedrich-Ufer

● Buchhandlungen für Kinder

Kibula (Uhlenhorst)

Die kleine, rundliche, schlau aussehende Eule mit einem Buch zwischen den Flügeln ist das Logo des tollen Kinderbuchladens Kibula auf der östlichen Alsterseite. Der liebevoll eingerichtete Laden existiert seit über 40 Jahren, vor wenigen Jahren gab es allerdings einen Besitzerwechsel, der neuen Schwung und viel Kreativität mit reingebracht hat. Eine der beiden neuen Laden-Inhaberinnen ist selbst Kinderbuch-Illustratorin, was sich sowohl in der liebevollen Dekoration des Ladens selbst als auch in der tollen Buchauswahl niederschlägt. Auf Büchern mit guten Illustrationen liegt hier eindeutig ein Schwerpunkt. Gleichzeitig gibt es aber natürlich auch eher textlastige Jugendbücher. Wer sich mit der Auswahl Zeit lassen will, kann in einem der gemütlichen Korbstühle versinken und bekommt schon mal einen Kaffee angeboten, während Kinder die kleine Spieleecke nutzen können. In unregelmäßigen Abständen gibt es im Kibula Lesungen oder kleine Musikabende für Kinder. Dieser Laden ist ein Highlight!

Schenkendorfstraße 20 | Tel. (0 40) 2 20 73 58 | www.kibula-hamburg.de | Mo–Fr 9.30–13 und 15–18, Sa 9.30–13 Uhr | Bus 6 bis Zimmerstraße oder Bus 25 bis Hebbelstraße

Kinderbücher & Pädagogik (Sternschanze)

Etwas bieder-langweilig kommt die Kinderbuchhandlung im Schanzenviertel im Titel sowie in ihrer hölzernen Inneneinrichtung daher. Doch das Angebot hat es in sich: Der erklärt linke Buchladen bemüht sich bei seiner Bücherauswahl um ein Angebot, das Geschlechter-Stereotype vermeidet, politische Aufklärung und Anregung fördert und vielfältige Familienentwürfe präsentiert. Sprich: Prinzessin Lillifee ist hier fehl am Platz, dafür gibt es toll gestaltete Kinder- und Bilderbücher, Kinderatlanten, Kinderklassiker und auch eine kleine Auswahl an pädagogisch wertvollen Acces-

Richtig gute Bücher lassen sich überall und bei jedem Wetter genießen

soires wie fantasievoll gestalteten Kindermesslatten oder ABC-Spielen. Ein guter Laden für Kinder und Eltern mit Wissensdurst und Lesehunger!

Schanzenstr. 6 | Tel. (0 40) 4 30 08 88 | www.schanzenbuch.com/?Kinderbuecher | Mo–Fr 9.30–18.30, Sa 10–18 Uhr | S-Bahnhof Sternschanze (S11, S21, S31) oder Bus 3 bis Neuer Pferdemarkt

Knuffels Kinderkulturkaufhaus (Ottensen)

So klein und gemütlich wie der Name dieses Kinderbuchladens in Ottensen klingt, ist auch der Shop selbst. In dem relativ schlicht eingerichteten, länglichen Ladengeschäft sind sämtliche Kinderbücher auch auf Kinderhöhe, sodass kleine wie große Leseratten hier in Ruhe in den toll gestalteten Kinderbüchern oder im ausgewählten Jugendbuchsortiment stöbern können. Wem die Entscheidung schwer fällt, der darf sich gern auch in der Ecke hinsetzen und in Ruhe durchblättern und entscheiden. Besondere Würdigung gilt bei diesem Buchladen neben der toll gelungenen Kinderbuchauswahl auch der kompetent-zurückhaltenden Beratung der Inhaber. Ohne aufdringlich zu sein, erkundigen sie sich freundlich nach Wünschen, Alter und Interessensgebieten, um dann gezielt das perfekte Buch aus dem Regal zu ziehen. Auch für Geschenkesucher ist dieser Laden eine Goldgrube mit Erfolgsgarantie!

Bahrenfelder Straße 68 | Tel. (0 40) 41 35 80 88 | www.das-knuffels.de | Mo–Fr 10–18.30, Sa 10–16 Uhr | Bahnhof Altona (S1, S11, S3, S31)

Hamburg erleben

Elbe, Alster und Kanäle – Hamburg hat bekanntlich mehr Brücken als Venedig. Und so sind die Stadt und das Wasser eben unzertrenn-lich.

Wasser und Wahrzeichen: Sie sind prägend für Hamburgs Außenbild und die große Beliebtheit der Hansestadt. Doch wie lassen sich Elbe, Alster, Michel und Rathaus mit Kindern erkunden? Dieses Kapitel gibt Auskunft über die kinderfreundlichsten Kanu-Verleiher bis zu barrierefreien Eingängen für Kinderwägen. Denn ob mit Säugling, Klein-kind oder Teenager: Hamburgs Einzigartigkeit lässt sich von allen Familien toll erleben.

Mit Schiff & Boot unterwegs

Hamburg hat mehr Brücken als Venedig – das ist eine der Weisheiten, die wohl jeder Einwohner der Hansestadt schon einmal erzählt hat, um seine Heimat zu charakterisieren. Tatsächlich bieten sich auf den großen Wasserflächen der Stadt tolle Möglichkeiten, ein paar Ecken zu entdecken, die einem in anderen Städten normalerweise verborgen bleiben. In Hamburg hat man eine gute Auswahl verschiedener Touren, sodass für alle Altersklassen etwas dabei ist: Für eine Kanutor sollte das Kind idealerweise schon schwimmen können, aber eine Rundtour auf der Alster, durch den Hafen und durch die Fleete ist auch mit Säugling schon gut möglich.

● **Rund um den Hafen**

Rundfahrten durch den Hafen

Die Zahl der Anbieter bei den Hafenrundfahrten ist vielfältig. Startpunkt sind in der Regel die Landungsbrücken. Hier kann man tagsüber jederzeit aufschlagen und in der kommenden Stunde fährt garantiert was! Je nach Nachfrage lassen die Haupt-Anbieter in der Sommersaison alle 30 bis 45 Minuten ein Schiff starten. Die großen Alsterdampfer fahren ein ganzes Stück elbabwärts bis nach Finkenwerder, wo die großen, halbfertigen Flugzeuge des Airbus-Werkes bestaunt werden können. Zudem gibt es in den großen Kanälen und Hafenbecken von Waltershof viele Kräne, Contai-

Tipp:
Die regulären Elbfähren der Hadag lassen sich mit HVV-Fahrkarten nutzen.

ner und große Pötte zu bewundern. In der Regel erzählen die Kapitäne spannende Details rund um die Hafenwirtschaft.

Hadag, Rainer Abicht Elbreederei sowie Hamburg City Tour sind die Haupt-Anbieter der klassischen Hafenrundfahrten auf relativ großen Schiffen. Dabei unterscheiden sich Touren und Preise kaum. 18 Euro für Erwachsene, 9 Euro für Kinder bis 14 Jahren werden von allen Anbietern verlangt. Die Hadag bietet noch leicht verbilligte Sonderpreise für Familientickets und Alleinerziehende.

Info: Alle großen Fahrgastschiffe sind im **Winter** beheizt, haben im **Sommer** Sitzmöglichkeiten im Freien und bieten Getränke sowie ein **kleines Bistro** mit Snacks.

Bei vielen Kindern sehr beliebt ist der amerikanisch aussehende Schaufelraddampfer *Louisiana Star* der Reederei Abicht. Hier fühlt man sich ein bisschen in die US-Südstaaten versetzt. Ob man das in Hamburg möchte, bleibt jedem selbst überlassen – die Rundfahrt ist qualitativ auf jeden Fall nicht besser oder schlechter als andere.

www.abicht.de | www.hadag.de | www.hamburg-city-tour.eu/hafenrundfahrt |
S-/U-Bahnhof Landungsbrücken (S1, S3, U3)

Barkassenfahrten durch Fleete und Hafen

Bei den Rundfahrten in kleinen Barkassen ist die Atmosphäre deutlich gemütlicher und vertrauter als auf einem großen Hafenrundfahrts-Schiff. Und vor allem kommen die Barkassen im Gegensatz zu den großen Schiffen bei Ebbe auch in die kleinen Fleete der Speicherstadt und HafenCity hinein. Hier gibt es tolle Blicke auf alte Flaschenzüge von Teppich- oder Kaffeehändlern sowie einen spannenden Wassereindruck der neuen HafenCity.

Als besonders kindgerecht kann man keinen der zahlreichen Anbieter hervorheben. Aber als kinderfeindlich natürlich auch nicht! Die Kapitäne erzählen jeweils vieles zur Geschichte von Hafen und Speicherstadt, am bekanntesten sind die Anbieter Kapitän Prüsse, Barkassen-Meyer, Barkassen Ehlers und Elbreederei Rainer Abicht. Ihre Abfahrten haben sie – in der Hauptsaison normalerweise halbstündig – jeweils an den Landungsbrücken 2 und 3 sowie am Feuerschiff-Kai am Baumwall.

www.barkassen-meyer.de | www.kapitaen-pruesse.de | www.barkassen-centrale.de |
www.abicht.de | Die Preise liegen fast überall bei 9 € für Kinder ab 4 Jahre und 18 € für Erw. |
S-/U-Bahnhof Landungsbrücken (S1, S3, U3) oder U-Bahnhof Baumwall (U3)

● Rund um die Alster
Mit dem Alsterdampfer unterwegs

Rundfahrten, Kanalfahrten sowie Touren von Anleger zu Anleger – all das ist auf der Alster möglich und wird ausschließlich von dem Anbieter Alstertouristik angeboten. Die klassische Alsterrundfahrt, bei der man einmal rund um die Außenalster schippert, startet in der Hochsaison halbstündlich und dauert eine Stunde. Hier bietet sich vom Wasser ein tolles Panorama auf die Innenstadt, auf zahlreiche Botschaften, Villen und prachtvolle Gärten wie Parks.

Noch etwas abwechslungsreicher ist die zweistündige Kanalfahrt. Zusätzlich zur Außenalster befahren die Schiffe hier die kleinen Alsterkanäle entweder durch das Naturschutzgebiet Eppendorfer Moor bis zum Alsterlauf oder bis in den Stadtparksee. Beide Routen sind hübsch und zeigen tolle Parkanlagen ebenso wie verwunschene, zugewachsene Gärten oder schicke Lofts. In der Hauptsaison gibt es täglich insgesamt sechs Kanalfahrten, drei in jede Richtung. Für alle Rundfahrten ist der Anleger direkt am Jungfernstieg der Ausgangspunkt. Bei Interesse an einer Kanalfahrt sollte man sich vorher auf der Homepage von Alstertouristik informieren, wann die gewünschte Tour startet. Für die einstündige Kanalfahrt kann man zwischen 10 und 18 Uhr hingegen immer auftauchen und das nächste Schiff sofort besteigen.

Noch etwas spannender und sogar günstiger sind allerdings die Linienschiffe, die insgesamt neun Anleger rund um die Außenalster ansteuern und bis zum Winterhuder Fährhaus nach Eppendorf hochfahren. Zwar fehlen hier die Erläuterungen, die auf den Rundfahrten gegeben werden, aber die Route ist ein bisschen größer als bei der einstündigen Rundfahrt und man kann jederzeit ein- und aussteigen. Pro Anleger zahlt man hier als Erwachsener zwei Euro für die Fahrt, eine Tageskarte kostet 15 Euro, ebenso wie die klassische Rundfahrt ohne Zwischenstopps. Auch Familientarife für zwei Erwachsene und zwei Kinder werden angeboten. Hier kommt man auf den Linienschiffen mit der Familien-Tageskarte 10 Euro günstiger weg als auf der Rundfahrt. Außerdem bietet es mit Kindern natürlich mehr Abwechslung, wenn man ab und zu mal aussteigen und im Park auf den Spielplatz gehen oder im Café einen Milchschaum schlürfen kann. Allerdings fahren die Schiffe zwischen 10 und 17 Uhr nur alle Stunde. Einen Fahrplan mit Abfahrtszeiten an allen Stationen gibt es auf der Internetseite von Alstertouristik.

Die Schiffe sind in der Regel alle barrierefrei und somit auch mit Kinderwagen benutzbar. Trotzdem bietet es sich gerade bei den Linienschiffen an, bei Babys und Kleinkindern eher Tragetuch oder Rückentrage zu nehmen. Erstens nimmt der Wagen auf vollen Schiffen dann keinen Platz weg (und in den Sommermonaten kann es schon mal eng werden), zweitens sind leider nicht alle Anleger ebenerdig begehbar. Auch die Bahn-Station Jungfernstieg – der Startpunkt für fast alle Touren – ist leider nicht durchgehend barrierefrei. Kinder dürften eine Fahrt auf der Alster – sofern sie nicht unbedingt viel länger als eine Stunde dauert – auf jeden Fall ganz spannend finden, denn hier gibt es viel zu gucken und vor allem die Schwäne sowie Familien in Kanus, Tretbooten oder an Bootsstegen sind für die Kleinen toll zu beobachten.

www.alstertouristik.de | Familienkarte (2 Erw., 2 Kinder) für Linienschiffe und Alsterrundfahrten 40 € | S-/U-Bahnhof Jungfernstieg (S1, S2, S3, U1, U2, U4)

Bei einer Fahrt per Alsterdampfer lassen sich zum Beispiel Parks, Konsulate, Schwäne und Tretbootfahrer bestaunen.

● Kanu fahren auf der Alster

Die Alster ist ein perfektes Gebiet für Kanu- oder Tretboottouren – gerade auch mit kleinen Kindern. Denn hier gibt es viel zu gucken, gleichzeitig fühlt man sich mitten in der Großstadt teilweise wie in der wildesten Natur. Die Alster ist als Ausflugsziel sehr beliebt und die Anzahl der Bootsverleihe relativ hoch. Die nachfolgende Auswahl bildet daher nur einen kleinen Teil des Angebotes ab.

Bootsvermietung Töns

Tipp:
Im Restaurant **Zur Ratsmühle** direkt neben dem Bootshaus kann man sich nach der Tour gut stärken und die sanitären Anlagen nutzen – nicht nur, wenn die Klamotten durchnässt sind.

Um den malerischen Alsterlauf nördlich von Barmbek zu erkunden, hat die Bootsvermietung Töns quasi eine Monopolstellung. Das Gebiet ist auch absolut sehenswert: Kleine, schattige Kanäle mit tief hängenden Bäumen wechseln sich mit großen Wiesen und Lichtungen ab. Insbesondere der Spielplatz auf den Alsterwiesen lädt zur Paddelpause ein. Herr Töns ist ein bisschen brummelig, verleiht aber ohne größere Probleme gegen Pfand seine Kanus, Kayaks, Ruder- und Tretboote. Kinder sollten Schwimmwesten tragen. Vorbestellungen und Reservierungen sind nur für Gruppen ab zehn Personen möglich.

Ratsmühlendamm 2 | Tel. (0 40) 59 94 98 | im Sommer tgl. 9–21 Uhr | Kanus ab 15 € pro Stunde, Tret- und Ruderbote ab 12 € pro Stunde | U-Bahnhof Klein Borstel (U1)

Anleger Hamburg

Das ehemalige Bootshaus der Familie Wüstenberg bietet einen guten Startpunkt: Von hier aus ist man schnell am Haynspark oder kann in den kleinen Kanälen von Eppendorf und Winterhude die großen Gärten und Villen von der Wasserseite aus bestaunen. Dieses Bootshaus, das mit Liegestühlen und Sofas in einem gemütlichen kleinen Beachclub lockt, verleiht im Sommer Kanus, Kayaks, Ruder- und Tretboote – fast alle in strahlendem Gelb. Aus dem kleinen Café kann man ein Eis mit auf die Reise nehmen.

Deelbögenkamp 3 | Tel. (0 40) 51 77 01 | www.anleger-hamburg.de |
Apr.–Okt. tgl. 10–20 Uhr | z. B. 15 € pro Stunde für ein Dreier-Kanu |
U-Bahnhof Lattenkamp (U1) oder Bus (114, 214, 281) bis Orchideenstieg

Bootsvermietung am Stadtparksee

Der Startpunkt von Bootstouren bei diesem Anbieter klingt ganz besonders gut: die Liebesinsel. So nennt sich ein kleines romantisches Inselchen im Stadtparksee, das nur per kleiner Brücke mit dem Festland verbunden ist. Von hier aus kann man mit Kanu, Tretboot oder Ruderboot sowohl den Stadtparksee selbst erkunden als auch durch den Goldbekkanal unter tief hängenden Bäumen hindurch Richtung Innenstadt fahren. Am Bootsverleih gibt es Karten und Tourenvorschläge für Fahrten zwischen 60 und 120 Minuten. Der Besitzer ist sehr freundlich und gibt auch gern noch persönliche Tipps. Schwimmwesten gibt es natürlich auch! Und Kaffee, Eis und Snacks an einem knallroten Kiosk. Achtung, im Sommer an sonnigen Wochenenden gilt hier: Schnell sein, sonst sind alle Boote weg!

Tipp:
In den **Schulferien** wird hier ein spezielles Kinderangebot gemacht: Dann dürfen die Nachwuchs-Paddler 90 Minuten lang für den Preis von 60 Minuten fahren. Kinder unter 14 brauchen dafür allerdings eine Einverständniserklärung der Eltern.

Südring 5a | Tel. (0 40) 27 34 16 | www.stadtparksee.de | Apr.–Okt. tgl. ab 11, Sa/So ab 10 Uhr bis zur Dunkelheit | z. B. 12 € pro Stunde für ein Ruderboot | U-Bahnhof Borgweg (U3) oder U-Bahnhof Saarlandstraße (U3)

Bootsvermietung Segelschule Pieper

In bester Lage direkt an der Außenalster findet sich mit der Segelschule Pieper ein Verleih, der neben Ruder- und Tretbooten auch Segelschiffe im Angebot hat. Natürlich muss dafür aber ein Segelschein vorgezeigt werden! Für 45 Euro (pro Boot) ist auch ein einstündiges Schnuppersegeln unter fachkundiger Anleitung möglich. Wer hier ein Boot mietet, hat ein grandioses Panorama auf Hamburgs Luxus-Hotels, Botschaften und Villen in allerbester Lage. Jogger und Spaziergänger, die ihre Alsterrunde absolvieren, können vom Wasser aus beobachtet werden. Wer länger unterwegs ist, kommt von hier stromaufwärts natürlich ebenfalls Richtung Eppendorf oder Stadtpark. Insgesamt ein solider, zentraler und auch freundlicher Verleih an einem tollen Ausgangspunkt – allerdings ohne besondere persönliche Note oder spezielle Kinder-Highlights.

An der Alster/Atlanticsteg | Tel. (0 40) 24 75 78 | www.segelschule-pieper.de | tgl. ab 10 Uhr bis Einbruch der Dunkelheit | z. B. 20 € pro Stunde für ein Vierer-Tretboot | Hauptbahnhof (alle Linien)

Hamburg-Highlights mit Kind

Natürlich dürfen beim Entdecken der Hansestadt auch die kulturellen Highlights nicht fehlen – ob man nun mit oder ohne Kind unterwegs ist. Viele Gebäude und Attraktionen sind auf Menschen mit Kinderwagen jedoch leider noch immer nicht ausgerichtet. Hier ein paar Tipps, was bei Hamburgs Highlights barrierefrei geht und was nicht.

Michaeliskirche (Der Michel)

Wer Hamburg besucht, kommt kaum drum herum auch das Hamburger Wahrzeichen zu besichtigen. Berühmt geworden ist die Kirche dadurch, dass sie für Seeleute aufgrund ihrer erhöhten Stellung schon immer von weit her sichtbar war. Heute gilt der 1906 zum dritten Mal aufgebaute Michel als bedeutendste Barockkirche Norddeutschlands. Der beeindruckende Bau in weiß mit goldenen Verzierungen und geschwungener Empore kann kostenlos besichtigt werden. Regelmäßig finden hier Gottesdienste statt, bei denen bis zu 2 500 Menschen in die Kirche passen. Doch welches Kind guckt schon gern Kirchen an? Es gibt zwar spezielle Kinderführungen im Michel, doch diese sind vor allem auf Schulklassen ausgelegt. Viel spannender für die meisten Kinder und auch viele Erwachsene ist der hohe Turm, der einen Rundblick auf das gesamte Hamburger Stadtgebiet verspricht. Leider ist der Zugang hier nicht barrierefrei, Kinderwagen oder Buggy müssen also unten bleiben. Ein kleiner Fahrstuhl führt zwar auf den Turm hinauf, doch dieser ist extrem eng und beginnt erst nach den ersten 50 Stufen Aufstieg. Außerdem sind die Treppen deutlich spannender. Hier kommt man direkt an den riesigen Glocken im Inneren des Turmes vorbei.

Info:

Leider ist ein **Michel-Besuch** mit Kind alles andere als einfach! Denn bereits am Haupteingang sind die ersten Stufen zu überwinden. Am sogenannten Portal 10, einem der Seiteneingänge, befindet sich allerdings eine Rollstuhlrampe, über die man in die Hauptkirche gelangt.

Englische Planke 1 | Tel. (0 40) 37 67 80 | www.st-michaelis.de | tgl. 9–20 Uhr (im Winter kürzer) | Eintritt für den Turm: Kinder 3,50 €, Erw. 5 € | S-Bahnhof Stadthausbrücke (S1, S3) oder Bus (6, 37) bis Michaeliskirche

Wer einmal oben angekommen ist, vergisst beim herrlichen Blick vom Michel ganz schnell wieder die vielen anstrengenden Stufen des Aufstiegs.

Hamburger Rathaus

Das 1897 erbaute Hamburger Rathaus bildet in der Hamburger Innenstadt mit dem davor liegenden großen Rathausmarkt zweifellos eine beeindruckende und prunkvoll wirkende Kulisse. Die schwere Eingangstür ist in der Regel offen und die große Eingangshalle jederzeit begehbar. Ebenso der Hinterhof mit dem hübschen Brunnen in der Mitte und dem Cafébetrieb des Restaurants *Das Parlament*. Regelmäßig alle halbe Stunde zwischen 10 und 15 Uhr (am Wochenende länger) finden ausgehend von der Eingangshalle Führungen statt, bei denen man einen Blick in den Plenarsaal, in die herrschaftlich ausgestatteten Zimmer mit Portraits ehemaliger Stadtoberhäupter, in den pompösen großen Festsaal sowie ins Beratungszimmer des Senates werfen kann. Bei offiziellen Empfängen und ähnlichem entfallen die Führungen.

Einziges Hindernis für Besucher mit Kinderwagen sind bei Rathausrundgängen die Treppen in den ersten Stock am Anfang wie am Ende der Führung. Auf beiden Seiten existieren jedoch Fahrstühle, die man durch versteckte und teilweise nicht öffentlich zugängliche Gänge erreicht. Die

Teilnahme ist dennoch möglich, wenn man sich idealerweise vorher telefonisch beim Besucherdienst anmeldet. Aber auch wer kurzfristig an der Infotheke in der Eingangshalle anfragt, kann in der Regel problemlos an den Führungen teilnehmen und wird von Mitarbeitern des Rathauses zu den jeweiligen Fahrstühlen gebracht.

Rathausmarkt 1 | Tel. (0 40) 4 28 31 24 70 | www.hamburg.de/rathaus | tgl. 10–19 Uhr | Rathausführung für Erw. 5 €, Kinder unter 14 Jahren frei | S-/U-Bahnhof Jungfernstieg (S1, S2, S3, U2, U4) oder U-Bahnhof Rathaus (U3)

Krameramtsstuben

Ins 17. Jahrhundert zurückversetzt fühlt sich, wer in die kleine Gasse Krayenkamp unweit der Michaeliskirche einbiegt. Denn die Krameramtsstuben sind das einzige aus dieser Zeit vollständig erhaltene und gut restaurierte Gebäudeensemble in der Hansestadt. Das kleine Gässchen mit den zweigeschossigen Backstein-Fachwerkbauten zu beiden Seiten vermittelt einen unmittelbaren Eindruck vom Leben am Wasser in der Hansestadt vor 400 Jahren. Damals wurden in den Wohnungen dort Witwen reicher Kramer untergebracht.

Heute sind in den Gebäuden überwiegend Restaurants, Cafés, Galerien sowie Souvenirläden zu finden. Eintritt wird für den Zutritt zur Gasse nicht verlangt und wer zwischen Michel, Großneumarkt und Landungsbrücken unterwegs ist, sollte hier auf jeden Fall vorbeigehen. Für Kinder ist die historische Kulisse auf jeden Fall hübsch und eindrucksvoll, das Gässchen mit Kopfsteinpflaster lässt sich auch mit Kinderwagen oder Buggy problemlos betreten (sofern das Gedrängel überschaubar ist). Möchte man eines der Gebäude allerdings von innen anschauen, was durchaus zu empfehlen ist, so bietet es sich aufgrund der engen Treppenhäuser an, Babys ins Tragetuch oder auf den Arm zu nehmen.

Krayenkamp | U-Bahnhof Baumwall (U3) oder Bus (37, 112) bis Michaeliskirche

Chilehaus

Das Chilehaus steht seit 1922 zwischen Elbfleeten und Hauptbahnhof. Es steht unter Denkmalschutz und wurde in die Nominierungsliste der UNESCO fürs Weltkulturerbe aufgenommen. Der nach Chile ausgewanderte und dort reich gewordene Kaufmann Henry Sloman ließ es 1922 bauen, um seiner Heimatstadt zu danken. Das Haus ist in seiner Backsteingotik ein gut erhaltenes Erinnerungsstück an Bauweise und Charme im ehemaligen

Kontorhausviertel. Speziell der schiffsförmige „Bug" an der Ostseite erfreut und beeindruckt Architekturliebhaber immer wieder.

Anders als andere historische denkmalgeschützte Gebäude wird das Chilehaus noch immer regulär als Wohn- und Geschäftshaus genutzt und lässt sich daher auch nicht im klassischen Sinne besichtigen. Doch das Vorbeispazieren und Bewundern geht auf jeden Fall – natürlich auch mit Kinderwagen! In dem mit Kopfsteinpflaster ausgelegten kleinen Innenhof findet sich außerdem eine leckere Suppenbar, in der man in netter Kulisse eine erholsame Pause vom Innenstadt- oder vom HafenCity-Bummel einlegen kann.

Fischertwiete 2 | U-Bahnhof Steinstraße (U1)

Alter Elbtunnel

1911 wurde der sogenannte Alte Elbtunnel eröffnet, dessen nördlicher Ein- und Ausgang direkt an den Landungsbrücken liegt. Einzeln werden kleine LKWs, Autos und Motorräder in Fahrstühlen unter die Erde gebracht und können durch die knapp 450 Meter lange Röhre dann unter der Elbe hindurch bis ins Hafen-Industriegebiet fahren. Kraftfahrzeuge zahlen für die Benutzung allerdings ein geringes Entgelt, während Fußgänger und Fahrradfahrer den Tunnel umsonst nutzen können. Sie gelangen über Treppen oder Personenaufzüge in den Tunnel. Auch mit Kinderwagen ist der Alte Elbtunnel problemlos durchquerbar – neben den Straßen gibt es in den Tunnelröhren Fußwege, auf denen bequem unter der Elbe durchgeschoben werden kann.

Doch viel Verkehr ist hier sowieso nie: Zum einen gelangen durch die Fahrstühle nur wenige Fahrzeuge gleichzeitig in den Tunnel hinab, zum anderen sind der 1975 eröffnete neue Elbtunnel sowie die Elbbrücken für Autofahrer wesentlich bequemere Wege zur Überwindung der natürlichen Verkehrsbarriere Elbe. Seit einigen Jahren erfreut sich der Alte Elbtunnel vor allem bei Radfahrern wieder stärkerer Beliebtheit. Ein Besuch im alten Elbtunnel lohnt auf jeden Fall! Selbst wer nicht auf die andere Seite will, sollte sich die beeindruckende Architektur, die großen Treppen und das Fahrstuhlsystem einmal angucken.

Bei den St. Pauli Landungsbrücken 5 | Tel. (0 40) 4 28 47 47 42 | immer geöffnet, außer
in der Silvesternacht | frei für Fußgänger und Radfahrer, 2 € für Autos |
S-/U-Bahnhof Landungsbrücken (S1, S3, U3) oder Bus (111, 112) bis Landungsbrücken

Kleine Gäste kommen nicht nur in der Eisdiele auf ihre Kosten, sondern auch in vielen kinderfreundlichen Restaurants, wo sich essen und toben nicht ausschließen.

Essen & Trinken

Es müssen nicht immer nur Spaghetti und Tomatensoße sein! Aber auch mal ... Wer mit Kindern in Restaurants oder Cafés einkehrt, freut sich oft schon über kinderfreundliche Kleinigkeiten wie Hochstühle oder einige wenige kindgerechte Gerichte auf der Karte. Dieses Kapitel gibt einen Überblick, in welchen Locations Kinder nicht nur geduldet, sondern wirklich erwünscht sind. Und mit Spieleecken oder kleinen Streichelzoos ist der Nachwuchs während der Wartezeit auf Essen und Getränke im besten Falle auch perfekt beschäftigt.

Einkehren mit Kindern

Kinder wollen alles andere, als stundenlang auf einem Stuhl sitzen und auf die anderen Besucher Rücksicht nehmen: Sie wollen in der Regel herumlaufen, im Idealfall in einer Spielecke bauen oder malen. Und zum Essen brauchen gerade Kleinkinder häufig noch einen Kinderstuhl. Deshalb bietet es sich an, Cafés und Restaurants aufzusuchen, die sich auf Kinder eingestellt haben. Denn dann gilt: Guten Appetit für Groß und Klein!

● **Restaurants**
Gasthaus Quartier 21 (Barmbek)

Im restaurierten Wasserturmpalais befindet sich ein architektonischer Stilmix aus Klinkersteinen, Stahlträgern, hohen Decken und hölzerner Gemütlichkeit. In der kalten Jahreszeit sitzt man im Wintergarten, im Sommer lockt der Biergarten mit Blick auf die grüne Parkanlage. Kinder können sich in der Spielecke austoben. Ob Frühstück, Mittagstisch oder Abendkarte – die Küche ist ein guter Mix: vom französischen Frühstück über Kartoffelsuppe, Schnitzel, Pasta und Burger bis zum Apple Crumble. Die extra Kinderkarte bietet Klassiker wie Rostbratwurst, Nudeln mit Tomatensoße oder Fischstäbchen mit Pommes in kindgerechten Portionen.

Fuhlsbüttler Straße 405 | Tel. (0 40) 57 01 71 80 | www.quartier21-gasthaus.de |
Mo–Sa 9–1, So 10–1, Brunch So 10–14 Uhr | S-Bahnhof Rübenkamp (S1, S11)

Manchmal muss es einfach ein richtiger Burger sein

Block House

Die Block House-Kette lockt Eltern und Kinder vor allem mit Kinderstühlen, Malangeboten und einer eigenen Kinder-Speisekarte. Darauf finden sich die gewohnten Kleinkind-Klassiker: Pommes, Spaghetti, Burger und Fischstäbchen zu sehr akzeptablen Preisen. Für Erwachsene bietet sich eine reichliche Salat- und Steakauswahl. Sicher bieten die Block Häuser nichts wirklich Besonderes, aber für ein entspanntes Essen mit Kindern sind sie allemal gut!

Block House | insgesamt 14 Mal in Hamburg | www.block-house.de

Essraum (St. Georg)

Von außen erinnert das *Junge Hotel* (▸ Seite 146) an eine moderne kastenförmige Jugendherberge, im Erdgeschoss ist das Restaurant *Essraum* einquartiert, dessen Preise dann aber doch deutlich über Herbergsniveau liegen. Dafür stimmt hier aber auch die Qualität! Für Kinder gibt es eine extra Kinderkarte mit Spezialitäten wie Putenschnitzel und kleinem Pannfisch. Spezielle Desserts für kleine Gäste werden ebenfalls angeboten. Der Clou des Restaurants ist allerdings das Spielzimmer für alle, die in dem feinen Ambiente aus Lederstühlen und Holztischen nicht ewig still sitzen können. Das Zimmer ist vom Restaurant aus gut einzusehen. Wer hier reserviert, kann auch den Wunsch äußern, möglichst nahe an dem Raum einen Tisch zu bekommen.

Kurt-Schumacher-Allee 14 | Tel. (0 40) 41 92 30 | www.essraum-restaurant.de |
Mo–Sa 11.30–21 Uhr, So geschlossen | Hauptbahnhof (alle Linien)

Zum Wattkorn (Langenhorn)

Urig und rustikal kommt das Wattkorn daher, das in einem alten, reetgedeckten Bauernhaus im Hamburger Nordosten sowohl asiatische Spezialitäten als auch Waldpilzsuppe, Rotkohl und Kartoffelklöße auf den Teller bringt. Für Kinder ist hier besonders der Außenbereich mit vielen Tieren spannend: In den Volieren hüpfen verschiedenste Finken und Sittiche herum, außerdem gibt es einen kleinen Streichelzoo. Das Wattkorn empfiehlt sich deshalb für Familien besonders bei gutem Wetter, die einmal ausgiebig und gut essen gehen wollen.

Tangstedter Landstraße 230 | Tel. (0 40) 5 20 37 97 |
www.wattkorn.de | tgl. 11.30–23 Uhr | Bus 192 bis Wattkorn

Tipp:
Es gibt im Wattkorn auch einige **Hotelzimmer** zu moderaten Preisen!

Trattoria Rocco (Halstenbek)

Am Paulinenplatz auf St. Pauli hatte Rocco früher sein beliebtes und immer volles italienisches Restaurant, in dem ihm für kleine Gäste räumlich gesehen allerdings viel zu wenig Platz war. Den gut laufenden Laden im Zentrum Hamburgs hat er deshalb seinen Söhnen überlassen und in Halstenbek eine Filiale eröffnet, die das italienische Flair mit Begrüßungs-Prosecco, einem freundlichen „Buona Sera", handgeschriebenen Tafeln mit Tagesgerichten und hervorragender Küche ins Hamburger Umland transportiert hat. Gleichzeitig gibt es hier sowohl auf der Sommerterrasse als auch im Innenraum nette Kinderspielecken, Kinderstühle und einen Wickeltisch. Und kleine, leckere Pizza- und Pasta-Variationen für Kinder stehen ebenfalls auf der Karte. Die Preise liegen im Mittelfeld, die S-Bahn erreicht man zu Fuß in 7 bis 10 Minuten. Hier lässt es sich mit der ganzen Familie richtig gut essen gehen!

Dockenhudener Chaussee 20 | 25469 Halstenbek | Tel. (0 41 01) 7 87 71 07 |
Mi–Mo 12–23 Uhr | S-Bahnhof Halstenbek (S3)

Kesselhaus (Alsterdorf)

Die hohen Räume des Kesselhauses mit in orange gehaltenen Wänden und schicken Bildern an der Wand, mehrere Ebenen, ein gläserner Kamin sowie die Außenterrasse aus dunklen Holzplanken lassen das Restaurant relativ edel erscheinen und wirken auf den ersten Blick nicht wie das kinderfreundlichste Ambiente. Doch dieser Eindruck täuscht: Hier gibt es extra eine Kinderkarte, Spielzeuge und Malsachen für die kleinen Gäste und natürlich auch Kinderstühle und Wickeltisch. Im Sommer kann auf dem großzügigen Platz vor der Außenterrasse außerdem perfekt herumgetobt werden. Die Bedienungen und die Küche gehen stets auf Sonderwünsche ein und lassen sich von herumlaufenden Kids nicht stören.

Alsterdorfer Markt 14 | Tel. (0 40) 50 77 50 77 |
www.restaurant-kesselhaus.de | Mo–Mi 10–18, Do 10–22,
Fr 10–23, So 10–15 Uhr, Sa auf Anfrage | U-Bahnhof Sengel-
mannstraße (U1)

Tipp:
Beim leckeren **Brunch** am Sonntag ab 10 Uhr essen Kinder bis sechs Jahre kostenlos, Sieben- bis Zwölfjährige zahlen einen Euro pro Lebensjahr. Erwachsene sind dann mit rund 15 Euro – ein Getränk inklusive – dabei!

Rollercoaster Restaurant (Harburg)

In diesem ungewöhnlichen Restaurant gibt es vor allem ganz viel zu gucken! Die alte Backsteinhalle im Harburger Binnenhafen wurde mit ihren hohen Decken perfekt genutzt, um ein ausgeklügeltes Schienensystem zu installieren, über das die Töpfe direkt aus der Küche auf den Tisch sausen. Aus dem Topf darf dann auch gegessen werden – Kinder können auf Ihrer Speisekarte aus den klassischen „Hits für Kids" wie Chicken Nuggets und Pommes wählen. Doch halt: Hier wird nicht einfach bei der Bedienung bestellt, sondern am Monitor per Touchscreen am Tisch. Besonderes Highlight: Wer ganz lieb fragt, darf auch mal in die Küche gucken und vielleicht sogar selbst einen Topf losschicken. Auch der Weg zur Toilette wird hier nicht langweilig: Dorthin geht es die Treppen hoch, und von oben ist das Schienensystem noch einmal besonders spannend zu beobachten. Dass Wickeltisch und Kinderstühle im Rollercoaster Restaurant zur Grundausstattung gehören, versteht sich von selbst!

> **Tipp:** Hier kann man auch ganz prima **Kindergeburtstage** feiern!

Harburger Schlossstraße 22a | Tel. (0 40) 89 72 13 10 | www.rollercoaster-hamburg.de |
Di–Do 16–23, Fr–So 11.30–23 Uhr | S-Bahnhof Harburg Rathaus (S3, S31) oder
Bus (154, 157) bis Harburger Schlossstraße

Family-Brunch im BeachHamburg (Dulsberg)

Beim Brunchen im Sand buddeln und Burgen bauen? Das geht in Hamburg beim *Aloha Family Brunch* im Beachcenter am Alten Teichweg. Zur Begrüßung wird jedem hier eine Blumenkette umgehängt, schon kann das Strand-Feeling beginnen. Ein extra Buffet für Kinder mit Nudeln, Pommes oder Götterspeise lockt die Kleinen auch mal aus dem Sand weg an den Tisch. Die Pancakes vom regulären Buffet-Angebot sind ebenfalls ein Hit bei den kleinen Gästen. Leider ist der Spaß nicht ganz günstig: Knapp 20 Euro pro Erwachsenem muss man hier hinblättern. Immerhin essen Kinder bis fünf Jahre frei, zwischen sechs und zwölf Jahren sind sie für 9 Euro dabei. Ein schönes Event, wenn man sich z. B. mit mehreren Familien mal etwas gönnen und den Sonntagvormittag entspannt quatschen möchte.

Alter Teichweg 220 | Tel. (0 40) 69 64 61 30 | www.beachhamburg.de/brunch.html |
Brunch So 10–15 Uhr | U-Bahnhof Wandsbek-Gartenstadt (U1)

● Cafés
Café Sternchance (Sternschanze)

Mittendrin und trotzdem voll im Grünen: Am Rande des Schanzenparkes findet sich mit dem Café Sternchance ein tolles Gastronomieangebot für Familien. Der Garten bietet mit Sandkasten, Spielhäusern und kleiner Rutsche einen vollständigen kleinen Spielplatz. Bei schlechtem Wetter steht eine Spielecke mit Legosteinen bereit – allerdings leider nur, wenn nicht zu viel los ist. Ansonsten ist das Spielepodest mit Stühlen und Tischen belegt.

Die ganze Familie kommt hier mit Bioessen auf ihre Kosten: von Frühstück über Tapas bis zum feinen 3-Gänge-Menü. Für Kinder gibt es eine Kinderkarte und auch Kinderkaffee (ein Glas Milchschaum!). Vor allem bei gutem Wetter lässt es sich für Eltern hier super entspannen, während die Kinder im Sand buddeln oder übers Gelände streifen.

Schröderstiftstraße 7 | Tel. (0 40) 4 30 11 68 | www.sternchance.de |
Mo–Fr 12–23, Sa/So 10–22 Uhr | S-/U-Bahnhof Sternschanze (S31, S21, S11, U3)

Gleich auf die Rutsche oder erst noch ein paar Schlucke Kakao trinken? Keine ganz einfache Entscheidung im Café Sternchance.

Café Osterdeich (Eimsbüttel)

In sommerlichen blau-weiß-Tönen lädt das Café Osterdeich zu Kaffee und Kuchen oder kleinen Snacks wie Suppen und Sandwiches ein – fast alles auf Bio-Basis. Abends wird der Laden zur Bar mit Wein und Bier. Kürzlich ist das Café auf die andere Straßenseite gezogen. Das einstige Kinderspielzimmer – den lütten Salon – gibt es seitdem leider nicht mehr. Aber Malsachen und Bauklötze werden im Café-bereich bereitgehalten und Kinder sind weiterhin sehr willkommene Gäste.

Tipp:

Das Café Osterdeich bietet neu-erdings drei gemütliche **Ferien-zimmer** an, für die bei Bedarf auch ein Babybett bestellt werden kann. Mehr unter: *www.osterdeich-apartment.de*

Besonders für ein leckeres Familien-Frühstück mit Müsli und Obstsa-lat bietet sich das Osterdeich an. Im Sommer sind die Waffeln mit frischen Erdbeeren der Hit. Für Kinder haben die beiden freundlichen Inhaberinnen extra auch kleine Köstlichkeiten auf der Karte: Kinder-Capuccino, kleines Käsebrot oder kleine Apfelschorle zu fairen, familienfreundlichen Preisen.

Müggenkampstraße 34 | Tel. (0 40) 43 27 46 50 | www.osterdeich.net und

www.osterdeich-apartment.de | Fr–So 10–17 Uhr |

U-Bahnhof Lutterothstraße (U2) oder Bus 4 bis Sartoriusstraße

Speisekammer (Eimsbüttel)

Klein, fein und mit sehr freundlicher Bedienung kommt dieses Café in einer Nebenstraße im Herzen Eimsbüttels daher. Auf zwei Stockwerken werden leckere Torten, Cafés, kleine Snacks und reichhaltiges Frühstück serviert. Im oberen Stockwerk befindet sich ein großer Kinderspielraum mit Duplos, Autos, Bällen und mehr. Nachteil ist jedoch die nicht gesicherte Treppe ins Erdgeschoss, die auf Kinder magische Anziehungskräfte ausübt und für Eltern schnell zum Stressfaktor wird. Warum hier noch kein Kindergitter montiert wurde, erscheint als Rätsel. An den Wickeltisch wurde trotz der insgesamt relativ engen Räumlichkeiten aber gedacht. Kleine Holztafeln verkünden täglich handschriftlich neue kreative Leckereien. Stets im An-gebot ist die leckere selbst gemachte Limonade, die auch Kindern bestens schmeckt.

Weidenstieg 5a | Tel. (0 40) 40 18 81 25 | Mo–Fr 9–19, Sa 9–18, So 10–18 Uhr |

U-Bahnhof Christuskirche (U2) oder Bus (4, 20, 25) bis Schulweg

Frau Larsson (Winterhude)

Mit Kinderwagen ist es in diesem liebevoll schwedisch eingerichteten Café zwar recht eng, doch da die Kleinen hier sehr willkommen sind, wird im Notfall auch Platz geschaffen. Wickelmöglichkeit, Kinderstühle, eine Maltafel sowie jede Menge Leckereien für Jung und Alt gibt es obendrein. Von Zimtschnecken über Pfannkuchen mit Apfelmus bis hin zu den typisch schwedischen Köttbullar findet man hier vieles, was auch Kinder-Geschmäcker perfekt trifft. An sonnigen Tagen sitzt man draußen auf Holzbänken mit etwas mehr Platzangebot – der Nachwuchs kann dabei auf der anderen Straßenseite in Sichtweite auf dem Spielplatz herumtoben. Wenn viel los ist, kann es schon mal vorkommen, dass man auf Frühstück oder Mittagessen etwas länger wartet. Dafür wird alles frisch zubereitet und man merkt der liebevollen Gestaltung mit viel weißem Holz an, dass die Besitzerin dieses Café unter Apfelbäumen in Schweden detailliert geplant hat.

Peter-Marquard-Straße 13 | Tel. (0 40) 76 97 93 57 | www.fraularsson.de |
Mi–Mo 10–18 Uhr, Di Ruhetag | Buslinien 6, 17 oder 25 bis Gertigstraße

Bunny & Scott (Eimsbüttel)

Nur schwer lässt sich sagen, was bei dem 2017 neu eröffneten und hell gestalteten Café *Bunny & Scott* für Kinder das Highlight auf der Speisekarte darstellt. Denn hier gibt es nicht nur jede Menge bunt und kreativ gestaltete Muffins und Cakepops, in denen man zum Beispiel Schafe und Krümelmonster erkennt. Auch leckere Pfannkuchen und roher Keksteig ohne Ei und Backpulver mit unterschiedlichsten Saucen werden hier angeboten. Wer es zum Frühstück oder Mittag lieber herzhaft mag, kann zwischen Quiche und leckeren frisch belegten Broten wählen. Auf weißen und rosa Kissen sitzt man im Herzen Eimsbüttels auf Holzbänken, Kinderstühle halten die Bedienungen auf Anfrage jederzeit gern bereit. Innen passen zwar leider nur wenige Kinderwagen in den Raum, dafür ist bei gutem Wetter draußen an den Tischen umso mehr Platz, sodass Kinder auch mal aufstehen und ein bisschen herumlaufen können.

Im *Bunny & Scott* kann man auch lustige Muffins und Köstlichkeiten bestellen und mitnehmen, z.B. für den Kindergeburtstag

Stellinger Weg 38a | Tel. (0176) 32 87 88 94 |
www.bunnyandscott.de | Mi–Fr 12–18, Sa/So 10–18 Uhr |
U-Bahnhof Lutherothstraße (U2)

Café Amira (Eppendorf)

Mit viel Liebe und Türkis ist dieses maritim-skandinavisch angehauchte Café eingerichtet. Kinder lieben die leckeren Waffeln und Kinder-Cappuccino, Eltern können hausgemachten Kuchen genießen. Einige Kinderbücher warten darauf, entdeckt zu werden und an einen Wickeltisch hat die herzliche Inhaberin auch gedacht! Da lässt es sich am Wochenende zwischen Eppendorf und Hoheluft entspannt mit der ganzen Familie bis 14 Uhr frühstücken!

Eppendorfer Weg 255 | Tel. (0 40) 60 78 30 60 | www.cafe-amira.de | Di–So 10–18 Uhr | U-Bahnhof Eppendorfer Baum (U3)

Café am Planschbecken (Stadtpark Winterhude)

Am Rande des als großes „Planschbecken" betitelten knöchelhohen Beckens mit Sandstrand und Kinderspielplatz hat das gleichnamige Café seine Sonnenterrasse und einen länglichen Innenraum mit Spielzimmer. Mitten im Stadtpark bietet es Eltern damit die allerbeste Möglichkeit, bei Kaffee, Getränk oder einem kleinen Snack zu entspannen, während der Nachwuchs auf dem Spielplatz herumtoben kann. Auch kleine und kinderfreundliche Gerichte wie Spaghetti mit Pesto oder Backkartoffel mit Quark zu sehr fairen Preisen stehen auf der Karte.

> **Tipp:**
> Der Wickelraum, den man von der Außenseite des Cafés erreicht, kann auch von reinen Spielplatzbenutzern genutzt werden. Auf den Toiletten gibt es außerdem kleine Kindertoiletten.

Bei schlechtem Wetter ist innen ein kleiner Raum mit großer Tafel, Kinderstühlen und einigen Spielsachen abgetrennt. Meist bleibt dieser allerdings ungenutzt, denn eher wenige Eltern kommen bei Regen mit Kind überhaupt in das Café, welches von den nächsten Bus- und Bahnhaltestellen nur nach circa 10-minütigem Spaziergang erreichbar ist.

Café am Planschbecken | mittig im Stadtpark zwischen Saarlandstraße und Hindenburg-straße | www.cafe-planschbecken.de | tgl. ab 11 Uhr | S-Bahnhof Alte Wöhr (S1), U-Bahnhof Saarlandstraße (U3) oder Bus (20, 26, 179) bis Jahnring (Mitte)

Spannende Geschichten und leckeren Kuchen gibt's im Jussi Krimibuchcafé

Marktkaffee (Winterhude)

Spezielle Angebote für Kinder hat dieses kleine Café im Backsteinhäuschen am Goldbekplatz zwar nicht, dafür liegt es aber direkt am Zaun eines großen Spielplatzes, auf dem bei gutem Wetter nach Herzenslust geklettert, gerutscht und geschaukelt werden kann.

In dem umgebauten, ehemaligen Klohäuschen gibt es inzwischen Latte Macchiato, frischen Minztee oder auch einfach nur ein Glas Michschaum für die Kleinen. Hier können sich Eltern an sonnigen Tagen in Ruhe niederlassen und dabei alles im Blick behalten. Kleine Snacks wie Suppe, Toast oder Kuchen für den Hunger zwischendurch gibt es hier auch.

Goldbekplatz 5 | Tel. (0 40) 27 88 56 63 | www.marktkaffee.de |
Di–Fr 10–19, Sa 8–19, So 11–19 Uhr, im Winter etwas kürzer | Bus 6 bis Goldbekplatz

Jussi Krimibuchcafé (Eppendorf)

Frische Blumen auf den kleinen blauen Tischen und bunte Schmetterlinge an der Wand begrüßen die Besucher in Jussis Krimibuchcafé im feinen Stadtteil Eppendorf. Das Café mit leckerer Kaffee-Auswahl und frisch gebackenen Kuchen hat sich ganz den Ländern Skandinaviens verschrieben. Neben dem Gastronomie-Betrieb sind die in weiß und Pastelltönen gehaltenen Räumlichkeiten ein Laden für Bücher nordischer Autoren sowie für skandinavische Geschenkideen. Der kleine Raum links neben der Theke hält hauptsächlich Kinderbücher von Findus über Bullerbü bis zu Willi Wiberg bereit. Auf der Fensterbank hat es sich Pippi Langstrumpf inmitten vieler Kissen bequem gemacht und ganz unten im Regal warten außerdem ein großer kuscheliger Elch sowie eine Kiste mit Malsachen auf Entdeckung durch die kleinen Gäste. Leider fehlt in dem ansonsten perfekt ausgestatteten WC ein Wickeltisch und die steilen engen Treppen am Eingang machen den Zugang mit Kinderwagen schwierig. Aber kleine Bücherratten mit Appetit auf einen guten Kakao wird das nicht abschrecken!

Lehmweg 35 | Tel. (0 40) 18 29 99 58 | www.jussi-krimicafe.de | Di–Fr 15–19, Sa 10–19, So 10–18 Uhr | U-Bahnhof Eppendorfer Baum (U3)

Der Smutje (Wilhelmsburg)

Relativ frisch eröffnet hat sich der *Smutje* im Stadtteil Wilhelmsburg schnell etabliert. Hier gibt es leckeren frischen Mittagstisch – auch vegetarisch – zu fairen Preisen zwischen vier und sieben Euro sowie frisch gebackenen Kuchen. Außerdem hausgemachte Waffeln mit Schoko- oder Vanillesauce.

Vor allem aber gibt es außen ein Spielhaus und drinnen eine Spielecke mit Verkehrsteppich, Fuhrpark, Duplo-Steinen und Kinderbüchern. Ein riesiges bunt gestreiftes Ecksofa lädt zum Rumlümmeln und Herumklettern ein – aber bitte nur auf Strümpfen. Das perfekte Café für einen entspannten Nachmittag mit Kindern und leckerem Kuchen im Herzen des immer beliebter werdenden Elbinsel-Stadtteils.

Rotenhäuserstraße 75a | Tel. (01 76) 21 51 09 52 | www.der-smutje.de | Mo–Fr 9–18 Uhr | S-Bahnhof Wilhelmsburg (S3, S31) und dann Bus 13 bis Krankenhaus Großer Sand

Café May

Insgesamt sieben mal gibt es das *Café May* – eine Mischung aus Café, Bäckerei und Bar – mittlerweile in Hamburg. Die gemütliche Sofa-Einrichtung und der entspannte, günstige Brunch machen es für viele Eltern, speziell mit Säuglingen und Kleinkindern, zu einem beliebten Treffpunkt und Aufenthaltsort. Für unter sechs Euro kann in der Woche über Stunden hinweg das Frühstücksbuffet genossen werden und Leckereien wie Himbeer-Quarkcreme oder Croissants stehen auch bei Kids hoch im Kurs.

Einige May-Cafés, beispielsweise das in Wandsbek, haben kleine Spielecken eingerichtet oder Kisten mit Büchern bereitgestellt.

z. B. Stormarner Straße 34 (Wandsbek) | Tel. (0 40) 66 93 17 70 | Frühstücksbuffet täglich 9–14 Uhr | S-Bahnhof Friedrichsberg (S1, S11)

Wartezeit?
Spiele ausdenken für Kinder

In der S-Bahn, im Bürgeramt oder in der Kassenschlange – immer wieder gibt es Situationen, in denen man mit Kindern warten muss. Schnell beginnen dann Ungeduld und Gequengel. Ein paar einfache Spiele können die Wartezeit verkürzen. Hier ein Überblick:

Bärenjagd

2+

„Wir gehen jetzt auf Bärenjagd und fangen einen gaaaaaaanz großen" ist das Motto der Bärenjagd-Geschichte. Immer wieder mit diesem Satz einleiten, dann durch verschiedene Landschaften laufen und die entsprechenden Bewegungen und Geräusche dazu machen. Beispielsweise läuft man durch den Matsch, dabei werden die Füße ganz hochgehoben und mit großen Gesten „Quietsch, Quatsch, Plitsch, Platsch, iiiiiihhhh" oder ähnliches gemacht. Auf der großen Wiese wird das Gras zur Seite gebogen, im Fluss wird geplanscht. Irgendwann sieht man den Bären und muss dann durch alle bisher durchquerten Landschaften ganz fix zurücklaufen.

Mit Taschentuch: Das Fingergespenst

0+

Kinder lieben Geschichten und kleine Rollenspiele. Deshalb einfach das nächste Taschentuch schnappen, um den Finger wickeln und lustige Gespenstergeschichten ausdenken. Geht auch mit mehreren Fingern!

10 Dinge in einer Farbe

4+

Die Mitspieler legen gemeinsam eine Farbe fest und müssen dann in der Umgebung nach Dingen dieser Farbe Ausschau halten. Wer zuerst zehn Stück entdeckt hat, gewinnt die Spielrunde.

Doppelwort-Kettenspiel

6+

Reihum werden Wörter gesucht, die sich aus zwei Wörtern zusammensetzen. Jeder muss das zweite Wort seines Vorspielers wieder als erstes eigenes Wort verwenden. So entstehen Wortketten à la „Wasserflasche – Flaschenhals – Halskrause ...". Zum Finden eines Wortes können Zeiten, zum Beispiel drei Sekunden, festgelegt werden. Wer innerhalb dieser Frist kein sinnvolles Wort mehr findet, hat die Spielrunde verloren.

Wer bin ich? – Spiel

6+

Ein Mitspieler denkt sich eine Person, eine Figur oder ein Tier aus, das er oder sie darstellt. Die anderen Mitspieler müssen es erraten, indem sie demjenigen Fragen stellen. Diese müssen wahrheitsgemäß, aber nur mit „ja" oder „nein" beantwortet werden.

Fingertippen

3+

Einer der Mitspieler legt bei diesem Spiel eine Hand mit weit gespreizten Fingern auf den Tisch oder auf den Fußboden. Der andere versucht jeweils, so schnell es geht mit dem eigenen Finger oder mit einem Gegenstand (z. B. Löffelstiel) in die Zwischenräume zu tippen. Dabei muss jeweils erst direkt neben den Daumen getippt werden, dann in den ersten Zwischenraum, wieder neben den Daumen, in den zweiten Finger-Zwischenraum, wieder neben den Daumen, in den dritten usw. Es gilt, dabei so schnell wie möglich zu sein. Wenn der Tippende keinen Finger berührt, hat er gewonnen. Falls doch, geht der Sieg an denjenigen, der die flache Hand zur Verfügung gestellt hat.

Ausflüge – Ab aufs Land

Die ruhige Strandidylle auf Helgoland schafft auch bei einem Tagesausflug volles Urlaubsfeeling.

Helgoland
► Seite 125

Auch wenn Hamburg eine Stadt mit viel Grün ist – ab und zu will man der City mal entfliehen, um etwas Landluft und Natur zu schnuppern. Fast alle Himmelsrichtungen halten in Hamburg dafür tolle Gelegenheiten bereit. Im Osten grenzt der Sachsenwald ans Stadtgebiet, im Westen der Forst Klövensteen. Südlich liegen die Harburger Berge und die Lüneburger Heide, im Norden die beiden Meere Nord- und Ostsee. Außerdem laden andere tolle Landschaften zu Radtouren ein, große und kleine Erlebnisparks erfreuen junge Besucher und urige kleine Hansestädtchen bieten sich zum Entdecken an. Wer da noch am Wochenende zu Hause hockt, ist selber schuld!

Natur erkunden

Verwunschene Wälder, Moore und hohe Kletterberge mit bestem Ausblick. Zumindest für norddeutsche Verhältnisse. Auch das bietet Hamburg! Wer nach einer stressigen Woche im Stadtgetümmel mit den Kindern mal auf Rehpirsch gehen oder die Krötenwanderung beobachten will, muss dafür nicht weit fahren. Rund um die Stadt ist man schnell in der Natur.

Sachsenwald (im Osten)

Tipp:
Neben ausgedehnten Spaziergängen bieten sich im **Sachsenwald** Besuche des Schmetterlingsgartens Friedrichsruh (▶ Seite 27), des Schnurstracks-Kletterparks (▶ Seite 50) sowie der Ausstellung historischer Eisenbahnen (▶ Seite 78) an.

Am östlichen Hamburger Stadtrand lädt der Sachsenwald seine Besucher zu spannenden Naturerlebnissen ein. Schon Bismarck flanierte hier einst durch die bewaldeten Hügel, seine Nachfahren sowie deren Mineralwasser-Quelle befinden sich bis heute im angrenzenden Aumühle. Von der S-Bahn-Station dieses beschaulichen Örtchens erreicht man den Sachsenwald auch am allerbesten. Wer dieses tolle Stück Natur am Rande Hamburgs noch nicht entdeckt hat, sollte das also schleunigst nachholen!

S-Bahnhof Aumühle (S21)

Klövensteen (im Westen)

Was im Hamburger Osten der Sachsenwald, ist im Westen der Klövensteen! Das ausgedehnte Waldgebiet gehört flächenweise noch zu Hamburg, in großen Teilen aber auch zu Schleswig-Holstein und bietet sich für ausgedehnte Natur-Spaziergänge, Radtouren und mehr an. Drei große Waldspielplätze sind hier für Kinder reizvoll: Nummer eins am Klövensteenweg, von Rissen aus erreichbar. Nummer zwei an der Moorwegsiedlung, von Wedel aus erreichbar, und Nummer drei mittendrin im Wald am Brambarg. Außerdem lassen im Klövensteen das Wildgehege (▶ Seite 27) und die Ponywaldschänke mit Ponyverleih (▶ Seite 57) Kinderherzen höher schlagen. Am besten kommt man in den vielseitigen Wald über Rissen – allerdings mit ein bisschen Fußweg.

S-Bahnhof Rissen (S1)

Harburger Berge (im Süden)

Süddeutsche können über die Bezeichnung „Berge" vermutlich nur schmunzeln, denn die höchste Erhebung in dem bewaldeten hügeligen Gebiet im Hamburger Süden misst gerade einmal 155 Meter. Nichtsdestotrotz kommen Norddeutsche, die das Flachland gewohnt sind, bei einer Tour durch die Harburger Berge mitunter ganz schön ins Schwitzen. Teilweise präsentiert sich die Landschaft hier hübsch zerklüftet. Dicht bewaldete Stücke wechseln sich ab mit großen Lichtungen und felsigen Abhängen. Für die streckenweise sehr engen und steilen Pfade mit vielen Baumwurzeln sollte man festes Schuhwerk anhaben.

Wer im Großraum Hamburg mountainbiken will, ist in den Harburger Bergen am besten aufgehoben. Und zum Rodeln ist das Gebiet ohnehin perfekt (▶ Seite 28). Reizvoll für Kinder ist hier aber vor allem der Wildpark Schwarze Berge (▶ Seite 26), in dem sich die teilweise sehr weitläufigen Tiergehege bestens in die hübsche Landschaft einfügen und aufzeigen, welche einheimischen Arten sich im Gehölz sowie in den Baumkronen der Harburger Wälder verbergen können.

z. B. S-Bahnhof Neugraben (S3) und dann Bus 250 bis Waldfrieden (Kehre)

Duvenstedter Brook (im Norden)

Natur-Romantik pur vermittelt das Naturschutzgebiet im äußersten Nordosten der Hansestadt. Die knapp 800 Hektar große Fläche aus Moor-, Weide- und Waldlandschaften versetzt ihre Besucher ein bisschen in eine Märchenwelt und lädt zum Träumen ein. Besonders toll für Kinder: Hier sind unzählige verschiedene Tiere zu Hause und lassen sich mit Glück auch beobachten: Je nach Jahreszeit tummeln sich Damwild, Kraniche, Reiher, Störche, Adler, Dachse, Wiesel, Wildschweine und und und ... Neugierige kleine Naturschützer informieren sich am besten in dem ansprechend aufbereiteten Naturschutz-Informationshaus des NABU über die Vielfalt der Natur vor Ort.

Achtung!
Wichtig für
Hundebesitzer:
Die Vierbeiner
dürfen nicht mit
ins Naturschutz-
gebiet!

Naturinfohaus | Triftweg 140 |

https://hamburg.nabu.de/natur-und-landschaft |

U-Bahnhof Ohlstedt (U1) und dann Bus 276 bis Duvenstedter Triftweg und ca. 20 Min.

Fußweg

Bauernhof erleben

Ziegen füttern, auf der Heuburg hüpfen oder eine Runde auf dem Trecker drehen: für Stadtkinder eine willkommene Abwechslung vom Alltag, die gar nicht weit entfernt ist. Denn in fast allen Ecken Hamburgs unweit der nächsten Bushaltestelle warten Bauernhöfe darauf, sich den Familien von ihrer besten Seite zu präsentieren. Und am Ende des Tages sind garantiert alle müde und glücklich von der guten Landluft.

Almthof (Appen)

Ob beim Toben in der Strohburg, im Maislabyrinth oder auf Trecker-Rundahrt – auf dem Almthof kommen Kinder auf jeden Fall auf ihre Kosten. Unzählige Schafe, Gänse, Meerschweinchen und anderes Getier freuen sich, von kleinen Gästen gefüttert zu werden. Im Kuhstall lässt es sich auf den Heuballen herumklettern. Um selbst nicht hungrig auf Erkundungstour gehen zu müssen, bietet sich das rustikal-urige Hofcafé mit leckerem Kuchen für eine Pause an. Kleiner Nachteil dieses Hofes ist, dass er Eintritt kostet.

Almtweg 37 | 25482 Appen | Tel. (0 41 01) 20 84 29 | www.almthof.de | Do–So geöffnet | Pro Person ab 3 Jahre 2,50 € | S-Bahnhof Pinneberg (S3), dann Bus 6300 bis Appen, Schulstraße

Auf dem Almthof kann man Freundschaft mit Eseln schließen

Gut Wulksfelde (Tangstedt)

Streichelzoo, großer Hofladen, Biokisten-Service, Trecker-Rundfahrten, Kindergeburtstage und und und ... Das Gut Wulksfelde kurz hinter der Stadtgrenze im Hamburger Nordosten ist mittlerweile zu einem richtigen Unternehmen geworden, das regelmäßig auch Familien-Events auf seinem Gelände durchführt. Nichtsdestotrotz lohnt sich ein Besuch hier immer wieder, um Landluft zu schnuppern. Schweine, Gänse, Ziegen und anderes Getier freuen sich über Besuch, auf einem Spielplatz mit riesiger Heu-Hüpfburg darf nach Herzenslust herumgetobt werden. Im Sommer kann man selbst Erdeeren pflücken oder Kartoffeln ausgraben. Auf jeden Fall ein tolles Erlebnis für Familien. Schade nur, dass der Weg mit öffentlichen Verkehrsmitteln leider etwas beschwerlich ist.

Wulksfelder Damm 15–17 | 22889 Tangstedt | Tel. (0 40) 6 44 25 10 | www.gut-wulksfelde.de |
S-Bahnhof Poppenbüttel (S1) oder U-Bahnhof Ohlstedt (U1) und dann Bus 276 bis Lohe

Gut Karlshöhe (Bramfeld)

Eine riesige Apfelbaumwiese, ein Bienenstock, Streichelzoo sowie ein kleiner Abenteuerwald locken junge Besucher auf das urige Gelände des Wellingsbüttler *Gutes Karlshöhe*. In dem Gebäude selbst ist eine tolle kindgerechte Mitmach-Ausstellung rund um das Thema Naturschutz zu bewundern, im Gartenbistro gibt es leckere Bio-Snacks und köstlichen frisch gebackenen Kuchen. Ein tolles Idyll im Stadtgebiet, das vor allem mit Kindern bis etwa acht Jahre reizvoll ist.

Karlshöhe 60d | Tel. (0 40) 63 70 24 90 | www.gut-karlshoehe.de | Ausstellung und Bistro
Mi–So 10–18 Uhr | Ausstellung: Kinder ab fünf Jahre 2,50 €, Erw 4,50 € | U-Bahnhof Farm-
sen (U1) oder S-Bahnhof Wellingsbüttel (S1) und dann Bus 27 bis Gut Karlshöhe

Hof Eggers (Kirchwerder)

Neben Ferienwohnungen und Kindergeburtstagen bietet der Hof Eggers in den Vier- und Marschlanden für Tagesbesucher Kutschfahrten sowie spannende Führungen an. Themen wie „Bio-Landwirtschaft" und „Naturschutz" werden auf dem urigen Hofgelände anschaulich vermittelt – auch für Kinder. Darüber hinaus gibt es natürlich Tiere zu bestaunen sowie ein leckeres Hofcafé. Vor allem im Sommer ist der Hof auf dem malerischen Gelände ein tolles Ausflugsziel!

Kirchwerder Mühlendamm 5 | Tel. (0 40) 72 37 73 85 | www.hof-eggers.de |
S-Bahnhof Bergedorf (S21) und dann Bus 225 bis Kirchwerder Mühlendamm

Radtouren machen

Natur und Stadt auf zwei Rädern erkunden: Das geht in und um Hamburg auch mit Kindern wunderbar. Überschaubare Strecken mit spannenden kindgerechten Highlights, die sich für eine Pause anbieten, locken auch die Kleinsten weg vom Sofa und rauf aufs Rad. Denn einen leckeren Kakao auf dem Bauernhof mit Streichelzoo lässt man sich auch nach hartem Gestrampel nicht so einfach entgehen.

Das Alte Land

Obst, so weit das Auge reicht – dafür ist das Alte Land bekannt. Die beliebte Ausflugslandschaft am südlichen Elbufer besticht aber nicht allein durch Äpfel, Birnen, Kirschen und Erdbeeren. Hübsche Reetdachhäuser, lange Deiche mit Schafen sowie mehrere Leuchttürme runden das idyllische Bild von Mitteleuropas größtem Obstanbaugebiet ab. Besonders reizvoll ist ein Ausflug ins Alte Land im Frühjahr zur Obstblüte oder im frühen Herbst kurz vor der Apfelernte. Mit dem Fahrrad und zu Fuß kommt man hier in die schönsten Ecken.

Kinderattraktionen sind im Alten Land reich gesät. In der Obstsaison ist das Selberpflücken von Erdbeeren, Himbeeren und anderen Leckereien ein gesundes spaßiges Familienvergnügen. Fast alle Hofcafés bieten auch Kinderstühle und kindgerechte Speisen sowie Getränke an. Außerdem gibt es im Alten Land Minigolfplätze, Schwimmbäder, Spielplätze drinnen und draußen, Angebote zum Ponyreiten, Kutschfahrten und und und ... Doch in einen Tag passt all das nur selten hinein.

Die Anreise ab Hamburg mit der Fähre stellt für viele Kinder bereits das erste Highlight dar. Von Blankenese nach Cranz fahren ganzjährig Schiffe im Stundentakt. Alternativ kommt man vom Fähranleger Wedel neunmal pro Tag nach Lühe – ein kleines Dorf im Herzen des Alten Landes. Der Pluspunkt hier: Direkt am Fähranleger von Lühe gibt es einen großen Spielplatz, der die Wartezeit zumindest gefühlt deutlich verkürzt. Wer keine eigenen Fahrrä-

Tipp:
Alternativ ist auch eine Rundfahrt mit der **Altländer Bimmelbahn** möglich, die zwischen März und Oktober am Wochenende immer um 11 und um 14 Uhr vor dem Rathaus der Gemeinde Jork startet.

der dabei hat, verzichtet besser auf die Fähre und reist per S-Bahn nach Stade, um dort mit der Tour zu beginnen. Hier gibt es zahlreiche Fahrradverleihe, die auch Fahrradanhänger vorrätig haben.

www.urlaubsregion-altesland.de | www.hadag.de | www.luehe-schulau-faehre.de | S-Bahnhof Stade (S3)

Wedel und Hetlinger Schanze

Schon der Beginn dieser Tour ist für Kinder ein Erlebnis: Die Schiffsbegrüßungsanlage in Wedel spielt jeweils die Nationalhymnen der großen vorbeiziehenden Schiffe auf der Elbe. Richtung Westen an dem großen Fluss entlang des Elbe-Radwanderweges passiert man dann nach circa 25 Minuten Fahrt am Deich entlang inmitten der Wedeler Marsch die CarlZeiss-Vogelschutzstation des NABU. Viele Vögel lassen sich mit Fernglas von hier aus entdecken, die Infotafeln informieren, welche Arten man gerade sieht. Noch einmal etwa 20 Minuten weiter beginnt die Hetlinger Schanze – ein traumhaftes Gebiet aus Elbstrand und Deich.

> **Tipp:**
> Das **Café Hetlinger Schanze** lockt Radler und andere Ausflügler am Wochenende mit leckerem Kakao und Kuchen.

Leider gibt es von Hetlingen aus nur wenige Möglichkeiten, mit Schiff oder Bus nach Wedel zurückzukommen. Somit „muss" man quasi die gleiche Strecke zurückradeln. Doch angesichts der schaffbaren Strecke von knapp elf Kilometern und der schönen Aussicht, lässt sich das problemlos genießen.

www.schulauer-faehrhaus.de | www.hamburg.nabu.de/natur-und-landschaft/carl-zeiss-vogelstation/index.html | S-Bahnhof Wedel (S1)

Radeln auf den Elbinseln

Voll zentral und wunderschön! Die Elbinseln im Herzen Hamburgs werden häufig unterschätzt, dabei gibt es hier nur wenige Minuten von der S-Bahn entfernt tolle und kinderfreundliche Routen am Deich entlang. Idealer Ausgangspunkt ist zum Beispiel die S-Bahn-Station Veddel. Ab hier den Obergeorgswerder Hauptdeich und Kretsander Hauptdeich entlang an der Norderelbe warten fast autofreie Straßen und tolle Elbblicke. Scheitelpunkt der Tour ist das Delta von Norder- und Süderelbe. Anschließend radelt man am Moorwerder Hauptdeich entlang durch das Naturschutzgebiet Heuckenlock und über die A 1 hinweg immer am Wasser lang bis schließlich

Auf zwei Rädern sieht man viele tolle Ecken, in die Auto und Bahn nicht kommen

die S-Bahn Wilhelmsburg in den Blick kommt. Hier kann man wieder einsteigen, aber auch ein Abstecher quer durch Wilhelmsburg zum Kulturzentrum Honigfabrik lohnt sich. Insgesamt etwa 10 bis 13 spannende Kilometer, die mit Kindern ab circa zehn Jahren möglich und lohnenswert sind!

www.natur-beobachtungen.de/orte/nsg-heuckenlock.html | www.honigfabrik.de |
S-Bahnhof Veddel (S3)

Die Natur im Hamburger Nordosten entdecken

Vielen Innenstädtlern ist kaum bekannt, welche tollen Grünoasen sich im Hamburger Nordosten aneinanderreihen und erkundet werden können. Los geht eine Tour von knapp 20 Kilometern durch viel Grün an der U-Bahn Ohlstedt. Hierhin kommt man am Ende auch wieder zurück. Direkt nordöstlich der Station geht es über den Kupferredder in den Wohldorfer Wald. Einmal quer hindurch und dann dem Todtenredder folgend gelangt man weiter in die nächste grüne Oase: den Wulksfelder Wald. Ein Besuch auf dem Bio-Bauernhof mit Hofladen und Streichelzoo (▸ Seite 121) ist für Kinder zweifellos ein Highlight der Tour. Danach weiter Richtung Osten führt der Rader Weg in das Naturschutzgebiet Duvenstedter Brook. Verwunschene Moorlandschaften und ein NABU-Naturkundehaus (▸ Seite 119) laden hier zum Verweilen ein. Anschließend südlich halten und zurück durch den angrenzenden Wohldorfer Wald bis zur U-Bahn.

U-Bahnhof Ohlstedt (U1)

Ans Meer fahren

Schnell mal ein bisschen Meeresluft schnuppern – das geht von Hamburg aus problemlos. Zahlreiche Ziele an Nord- und Ostsee sind nach kurzer Fahrtzeit erreicht. Vorausgesetzt, man steht nicht im Stau, weil andere Familien die gleiche Idee hatten! Lieber den Verkehrsfunk hören oder gleich auf Bahn oder Schiff umsteigen. Und dann geht es los mit Sandburgen bauen, Wattwürmer ausbuddeln und in der Brandung planschen.

Helgoland

Kegelrobben aus nächster Nähe, eine Hummer-Aufzuchtstation sowie Deutschlands vielfältigste Vogelkolonie. Seltene Trottellummen und Basstölpel brüten hier in den steilen roten Felsen und stoßen ein ohrenbetäubendes Geschrei aus. Wer mit tier- und naturinteressierten Kindern nach Helgoland kommt, hat an einem Tag eine Menge zu gucken! Deutschlands einzige Hochseeinsel verzaubert ihre Besucher außerdem mit atemberaubenden Klippen, tollen Sandstränden auf der vorgelagerten Düne sowie schnuckeligen kleinen Fischerhäusern.

Um all das im Rahmen eines Tages erkunden zu können, muss man allerdings früh aufstehen: Die Schnellfähre *HalunderJet* startet morgens um 9 Uhr an den Landungsbrücken und erreicht Helgoland gegen 12.30 Uhr. Bereits um 16.30 Uhr geht es wieder zurück. Gerade genug Zeit, um den 2,5 Kilometer langen Weg rund um die Insel einmal abzuwandern, dabei ein paar Vögel zu beobachten und anschließend noch schnell per Schiff zur Düne gegenüber zu schippern, wo sich die Robben in der Sonne wälzen.

Etwas entspannter ist es, in einer der Unterkünfte auf der Insel noch eine Nacht zu verbringen. Dann ist auch ein Besuch im Naturkundemuseum mit Hummer-Aufzuchtstation noch problemlos einplanbar. Außerdem kann abends in einem der zahlreichen Restaurants fangfrischer Fisch genossen werden.

Schnellfähre | www.helgoline.de | z. B. Familienkarte
(2 Erw., 3 Kinder) für Hin- und Rückfahrt ab 179 €
Jugendherberge | helgoland.jugendherberge.de |
ab 26,50 € pro Nacht

Tipp: Relativ günstig, modern und hübsch gelegen ist die **Jugendherberge**. Wer sich beim Familienurlaub nicht an lärmenden Schulklassen stört, kann hier ein Familienzimmer anfragen.

Tipp:
Auch die anderen Orte an der **Lübecker Bucht**, wie Scharbeutz, Haffkrug, Sierksdorf und Neustadt sind gut erreichbar und bieten tolles Ostseevergnügen.

Timmendorfer Strand

Für einen Tag an der Ostsee kommt vielen Hamburgern als erstes Timmendorfer Strand in den Sinn. Dementsprechend voll kann es hier im Sommer am Strand werden, wenn Handtücher und Sonnenschirme dicht an dicht liegen. Nichtsdestotrotz ist Timmendorfer Strand einen Ausflugs-Tipp wert, denn erstens lässt es sich unter der Woche in Timmendorfer Strand entspannt baden und flanieren, zweitens hält der kleine Ort in direkter Umgebung tolle Kinder-Highlights wie den Vergnügungspark *Hansa-Park* (▶ Seite 132), das *Sea Life Center* und das große Spaßbad *Ostseetherme* bereit.

Timmendorfer Strand lässt sich von Hamburg aus mit der Bahn in rund einer Stunde gut erreichen. Hier gilt z. B. das Schleswig-Holstein-Ticket. Vor Ort können damit auch Busse genutzt werden. Eine weitere gute Variante ist es, die Fahrräder in der Bahn mitzunehmen, um vor Ort mobil zu sein und sich den frischen Ostseewind um die Nase wehen zu lassen.

www.timmendorfer-strand.de | RE8 ca. stündlich ab Hauptbahnhof bis Lübeck und ab dort mit der RB bis Timmendorfer Strand

St. Peter-Ording

Sandstrand soweit das Auge reicht, begeisterte Surfer, Burgen bauende Kinder und vergnügte Kiteboarder – so kennen viele St. Peter-Ording aus Serien oder Filmen im Fernsehen. Und tatsächlich steht das Seebad an der Nordsee diesen tollen Bildern auch in der Realität in kaum etwas nach. Der Ort selbst wartet als Kur- und Ferienort mit zahlreichen Hotels, Cafés, Restaurants und einem Schwefel-Heilbad auf. Das wirkliche Highlight ist aber der breite und schier endlos erscheinende Strand, der über einen langen Steg vom Ortszentrum aus begehbar ist. Zwölf Kilometer ist er lang und bei Flut noch immer rund einen Kilometer breit. Je nach Gezeiten kann das Wasser aber so weit zurückgehen, dass man es gar nicht mehr sieht und tolle Wattwanderungen machen kann. Der Steg selbst ist mit Kinderwagen gut begehbar, am Strand

Tipp:
Empfehlenswert ist es für einen **Strandspaziergang** mit kleinen Kindern, ein Tragetuch oder eine Rückentrage dabei zu haben.

selbst braucht man – trotz des verhältnismäßig festen Untergrundes – doch ziemlich Kraft, Ausdauer und breite Reifen, wenn man hier mit dem Wagen vorwärts kommen will.

www.st-peter-ording.de | RE6 ca. stündlich ab Altona bis Husum und ab dort mit der RB bis Bad St. Peter-Ording

Neuwerk

Hamburgs kleinster Verwaltungsbezirk hat gerade einmal 44 Einwohner und liegt mitten in der Nordsee im Wattenmeer vor Cuxhaven: die drei Quadratmeter große Insel Neuwerk. Der riesige Leuchtturm von 1310 sowie das kleine Naturkundemuseum *Nationalparkhaus* sind die kulturellen Highlights auf der Insel selbst. Zudem lassen sich hier viele seltene Vogelarten mitten in der von Salzwiesen geprägten Natur beobachten. Doch das wirkliche Erlebnis eines Neuwerk-Besuches besteht – vor allem mit Kindern – in der Anreise. Nur die ganz Bequemen nutzen hierfür das Schiff *Flipper* von Cuxhaven aus. In der Regel erreicht man Neuwerk vom Cuxhavener Stadtteil Sahlenburg aus während der Ebbe entweder zu Fuß auf gekennzeichneten Pfaden mitten durchs Watt oder mit einer der zahllosen Kutschen. Das Watt ist in der Regel hart genug, um auch mit Kinderwagen laufen zu können. Die Wanderung dauert rund zweieinhalb Stunden, unterwegs gibt es drei Rettungstürme, auf die sich bei steigendem Wasser geflüchtet werden kann. Nichtsdestotrotz werden leider noch immer von Zeit zu Zeit Touristen von der Flut überrascht. Man sollte sich daher genau schlau ma-

Immer die Flut im Blick haben: Sie kann tolle Sand-Bauwerke schnell zerstören

chen, zu welchen Zeiten gewandert werden darf. Die aktuellen Daten zum Niedrigwasser werden jeweils auf der Homepage des Tourismusamtes von Cuxhaven veröffentlicht.

Wahlweise gibt es auch Touren mit der Kutsche. Diese beinhalten in der Regel einen einstündigen Aufenthalt auf der Insel, in dieser Zeit sind Restaurant und Café auf dem Hauptplatz gut besucht. Hin- und Zurückwandern an einem Tag ist nicht zu schaffen. Für eine Tour sollte doch das Schiff gewählt werden, sofern man die andere Strecke läuft. Oder man übernachtet in einem der 130 Gästebetten auf der Insel, die in der Hochsaison allerdings schnell ausgebucht sind. Wie auch immer: Die Tour nach Neuwerk ist für große und kleine Naturfreunde auf jeden Fall ein lohnendes Erlebnis.

www.tourismus.cuxhaven.de | www.insel-neuwerk.de | RE5 ca. stündlich bis Cuxhaven

Boltenhagen

Wer im Hamburger Osten nahe der Autobahn wohnt, braucht bei guten Verkehrsbedingungen circa eine Stunde bis zu einem der tollsten Strandorte in Mecklenburg-Vorpommern. Eine hübsche Promenade, viele kleine Lädchen, ein weit ins Meer hinausragender Steg sowie ein breiter und traumhafter Sandstrand machen Boltenhagen zum beliebten Sommer-Ausflugsziel. Eine besonderer Vorteil für Familien: Hier geht es ganz flach ins Wasser hinein. Auch Kleinkinder können relativ unbedenklich planschen. Buddeln geht sowieso! Und im Kurhaus findet sich ein Wickeltisch. Nur der Anschluss mit öffentlichen Verkehrsmitteln ist leider noch ausbaufähig – ohne dreimaliges Umsteigen geht da nichts.

www.boltenhagen.de | RE8 ab Hauptbahnhof bis Lübeck, weiter mit RE bis Grevesmühlen, ab dort Bus 320 bis Boltenhagen (unregelmäßige Verbindungen)

Sylt

Tipp:
Wer sich auf Sylt im Rahmen eines Tagesausflugs z. B. **Fahrräder** leiht, ist schnell aus dem Trubel der Inselhauptstadt Westerland raus und kann sich schon kurz hinter den Ortsschildern an fast menschenleeren Stränden niederlassen.

Deutschlands beliebteste Insel bei den Reichen und Schönen hat deutlich mehr zu bieten als teure Restaurants und angesagte Clubs: Lange einsame Strände und Dünen, Wattwanderungen und romantische Reetdachhäuser machen den großen Reiz der Nordseeinsel aus. Die Vorzüge für Kinder muss man kaum extra herausstellen:

In List auf Sylt starten bei Ebbe regelmäßig Wattwanderungen, auf denen man garantiert Krebse, Wattwürmer und Muscheln entdeckt. Gummistiefel kann man mitbringen oder leihen.

Sandstrand, Wind und Wellen sind immer ein Kinder-Highlight für sich. Hier kann man den Drachen steigen lassen und große Sandburgen bauen. Direkt in Westerland gibt es auch das große Freizeit- und Erlebnisbad *Sylter Welle*. Aber allein dafür kommt man wohl nicht extra für einen Tagesausflug auf die Nordseeinsel.

An- und Abreisezeit von Hamburg sollte man nämlich nicht unterschätzen. Pro Strecke ist man gut drei Stunden unterwegs. Am bequemsten ist die Reise mit der Bahn, die direkt ab Hamburg-Altona fast stündlich bis nach Westerland fährt. Hier gelten auch die Spezialangebote wie z. B. das Schleswig-Holstein-Ticket. Direkt am Bahnhof Westerland ist der große Fahrradverleih *Sylt Fahrrad*, der auch eine gute Auswahl an Kinderrädern, Kindersitzen und Kinder-Fahrradanhängern – wahlweise mit Babyschale – in seinem Programm hat. Übers Internet kann man hier schon vorher reservieren.

www.sylt.de | www.sylt-fahrrad.de | www.svg-busreisen.de |

RE6 ca. stündlich ab Altona bis Westerland

Nachbarstädte entdecken

Nicht nur in Hamburg selbst gibt es viel zu entdecken. Auch mehrere kleine Nachbarstädte bieten sich für einen Besuch an. Nach nicht mal einer Stunde Bahnfahrt kann die ganze Familie in Lübeck Marzipan essen oder in Lüneburg alles über den Salzabbau erfahren.

Lübeck

Gut und schnell mit Auto oder Bahn erreichbar bietet ein Tagesausflug nach Lübeck auf jeden Fall genug Zeit und Gelegenheit, die historische Handelsstadt ausführlich zu besichtigen. Das bekannte Holstentor ist Wahrzeichen der Hansestadt und bildet den Eingang zur Altstadt, die insgesamt auf einer Insel liegt. Bis 1993 war das Holstentor auf den damaligen 50 DM-Scheinen abgebildet. Deutschlandweit – in Fachkreisen auch weltweit – berühmt ist Lübeck für seine Tradition des Marzipans. Wer hier – speziell mit Kindern – einen Tag verbringt, kommt kaum umhin, ein Stück Marzipantorte zu essen. Am besten geht dies natürlich in dem riesigen Niederegger-Café in der Haupt-Einkaufsmeile Breite Straße direkt gegenüber der Rathaustreppe. Das große Marzipan-Paradies mit ausgedehntem Souvenirshop ist schon ein Erlebnis an sich, allerdings braucht man hier an gut frequentierten Tagen sehr starke Nerven, um sich einen Platz zu sichern.

    Darüber hinaus ist die Lübecker Altstadt das sehenswerte Highlight der

Lübecks berühmtes Holstentor gibt es im Niederegger-Shop aus Marzipan zu kaufen

Hansestadt. Sie zählt seit 1987 zum UNESCO-Weltkulturerbe und ist geprägt durch sieben Kirchtürme und alte Fachwerkbauten aus dem 13. und 14. Jahrhundert. Über 1 000 Gebäude stehen in der Lübecker Altstadt unter Denkmalschutz, immer wieder ist die Stadt auch ein beliebter Drehort für historische Filme.

Mit Kinderwagen ist vor allem die Autofreiheit in großen Bereichen der Innenstadt sehr angenehm. Barrierefrei sind viele historische Gebäude aber leider nicht und auch das vielerorts erhaltene Kopfsteinpflaster kann mit Buggy oder Kinderwagen zur Nervenprobe werden.

Sehr bekannt und beliebt ist im Winter zwar auch der historische Lübecker Weihnachtsmarkt, doch mit kleinen Kindern verkommt der geplante Adventsbummel schnell zur nervigen Massenschieberei und ist daher nur bedingt empfehlenswert.

www.luebeck.de | RE8 ca. stündlich ab Hauptbahnhof bis Lübeck

Lüneburg

Im Herzen Niedersachsens südlich von Hamburg liegt das malerische 70 000-Einwohner-Städtchen Lüneburg, das mit einer historischen Altstadt, vielen kleinen Läden und Gassen sowie einem umfangreichen Kultur-Angebot besticht. Ehrlicherweise muss man sagen, dass das Kopfsteinpflaster, das der Universitätsstadt einen guten Teil ihres Charmes verleiht, für Kinderwagen nur mäßig geeignet ist. Dafür sind viele der kleinen Cafés mit Wickelmöglichkeiten und Spielecken gut auf Kinder eingestellt.

> **Tipp:**
> Besonders zu empfehlen: **Annas Café** (Salzstraße am Wasser 6, www.annas-cafe.de) mit selbst gebackenen Waffeln, Cupcakes und Torten. Außerdem natürlich Kinder-Kakao oder Milchschaum!

Die Altstadt liegt über einem Salzstock, der die Stadt einst zu einer reichen norddeutschen Metropole werden ließ. Das *Deutsche Salzmuseum* erzählt von der Geschichte und den Techniken des Salzabbaus, sowie von den Möglichkeiten zur weiteren Verarbeitung. Hier werden auch kindgerechte Führungen für Schulklassen oder Kindergeburtstags-Gesellschaften angeboten. Wer jedoch als Familie mit einzelnen Kindern anreist, bekommt die reguläre Führung.

www.hansestadtlueneburg.de | RE3 ca. stündlich ab Hauptbahnhof bis Lüneburg

Erlebnisparks

Achterbahn fahren bis zum Abwinken ist wohl der Traum fast jeden Kindes. Hansa- und Heide-Park im Hamburger Umland locken die Besucher deshalb stets mit neuen Attraktionen und Angeboten. Aber Tempo und Action gibt es nicht nur in diesen Erlebniswelten: Im Snow-Dome Bispingen geht es das ganze Jahr rasant den Schneehügel hinab. Leuchtende Kinderaugen garantiert!

Hansa-Park Sierksdorf

Im beliebten Ferienparadies direkt an der Ostsee gelegen lockt der *Hansa-Park* jedes Jahr viele Besucher an. Nachbauten kleiner Häuschen im Hanse-Stil und diverse Fahrgeschäfte rund um das Thema Schifffahrt und Handel sollen hier das Flair historischer Hansestädte vermitteln. Leider sieht man dem klobigen Bau direkt hinter dem Eingang sowie einigen Attraktionen an, dass sie schon etwas in die Jahre gekommen sind.

Nichtsdestotrotz hält der Park für Familien mit Kindern jeden Alters viele tolle Attraktionen bereit. Ob Achterbahn, Wildwasservergnügen, Schiffsschaukeln, Lasershow oder oder oder ... Der Park ist in unterschiedliche Themenwelten aufgeteilt, über die man sich bei einer Rundfahrt mit der urigen Bummelbahn am besten gleich zu Beginn des Besuches einen guten Überblick verschafft. Mit am gelungensten ist *Bonanza City* – eine kleine nachgebaute Goldgräbersiedlung, wo Kinder selbst Gold waschen oder Holz schnitzen können. Dazu gibt es natürlich stilecht leckere Country-Potatoes oder Western-Burger zu essen.

Am Fahrenkrog 1 | 23730 Sierksdorf | Tel. (0 45 63) 47 40 | www.hansapark.de | Apr.–Okt. tgl. 9–18 Uhr | Kinder ab vier Jahren 29,50 €, Erw. 39 € | RE8 ca. stündlich ab Hauptbahnhof bis Lübeck und weiter mit RB bis Sierksdorf

Heide-Park Soltau

Mitten in Niedersachsen, eine knappe Autostunde von Hamburg entfernt, steht das Vergnügungsareal *Heide-Park* in der Landschaft. Der Eingangsbereich ist hier einem kleinen nostalgischen Dorf aus dem Mittelalter nachempfunden – inklusive eines tollen antik anmutenden Kinderkarussells. Der Rest des Parkes wird von Achter- und Wildwasserbahnen, Freifall-Turm, Panorama-Bahn, Schiffsschaukeln, Unterhaltungs-Show und vielen kulinarischen Angeboten dominiert. Immer wieder wartet der Heide-Park mit neuen spektakulären Achter- und Loopingbahnen auf. Sehr beliebt ist auch die Bobbahn, mit der man auf Rollen durch einen künstlichen Eiskanal saust.

Für Fans solcher Fahrgeschäfte bietet der Heide-Park noch ein bisschen mehr Auswahl als der Hansapark und kommt insgesamt etwas moderner daher. Immer wieder gibt es hier auch Motto-Tage oder Angebote für spezielle Zielgruppen.

Heide Park 1 | 29614 Soltau | Tel. (0 18 06) 91 91 01 | www.heide-park.de | Apr.-Okt. tgl. 10–19 Uhr | Kinder ab vier Jahren 39 €, Kinder ab zwölf Jahren 47,50 €, ggf. Online-Rabatt | RE4 ca. stündlich ab Hauptbahnhof bis Buchholz, weiter mit RB38 bis Wolterdingen und ca. 20 Min. Fußweg

SnowDome Bispingen

Heidegletscher nennen zahlreiche Anwohner das glasige futuristisch anmutende riesige Gebilde an der Autobahn auch. Gemeint ist der SnowDome – eine große Halle mit Hügel, Liften und Kunstschnee, in der ganzjährig Wintersport betrieben werden kann. Da das weiße Pulver in Norddeutschland bekanntlich nur selten vom Himmel fällt, greifen einige Ski- und Snowboardfans von Zeit zu Zeit gern auf dieses Angebot zurück. Gerade für Familien mit kleinen Kindern, die mal ein Gefühl dafür kriegen sollen, wie es auf den Brettern so ist, bietet der SnowDome ein gutes Übungsgelände. Sogar eine eigene Skischule hält sich hier bereit, um Anfängern die Welt der rasanten Abfahrten näher zu bringen. Einen Skiverleih gibts natürlich auch! Wer bereits Ski fährt und die Berge gewohnt ist, dem wird in der Halle hier auf der 300 Meter langen Piste allerdings leider schnell langweilig. Da helfen dann auch die urig anmutenden Hütten mit Germknödeln und Kaiserschmarrn nicht mehr viel. Von Hamburg aus ist man mit dem Auto ganzjährig in knapp 40 Minuten in dem Winterparadies.

> **Tipp:**
> Wer nach dem Skifahren noch nicht genug Action hatte, kann gleich nebenan in der **Ralf Schumacher Kartbahn** weitermachen.

Horstfeldweg 9 | 29646 Bispingen | Tel. (0 51 94) 4 31 10 | www.snow-dome.de | Mo-Fr 11–21, Sa/So 9–21 Uhr | Tageskarte für Kinder von 6–12 Jahren ab 23 €, Erw. ab 37 €, Familienkarte ab 75 € | RE4 ca. alle 2 Stunden ab Hauptbahnhof bis Buchholz, weiter mit RB bis Wintermoor und dann Bus 156 bis Horstfeldweg, Bispingen

Shop-
ping kann sehr
viel Spaß machen, aber
auch anstrengend sein ...
da ist es gut zu wissen,
wohin sich der Ausflug
wirklich lohnt.

Praktische Tipps

Wo gibt es in Hamburg ein Babybett im Hotelzimmer, welcher Fahrradverleih hat eigentlich Kindersitze, ist gerade ein Wickeltisch in der Nähe und wie komme ich mit Buggy in den Bus? Eltern stellen sich bei alltäglichen Unternehmungen in einer Stadt häufig Fragen, an die viele Kinderlose gar nicht denken. Dieses Kapitel verrät deshalb alles Wichtige rund um die Grundbedürfnisse Schlafen und Mobilität mit Kindern. Ebenso gibt es die Kategorie „Shoppen", denn wo es hübsche und trotzdem erschwingliche Spielzeuge und Anziehsachen gibt, ist stets wichtig zu wissen, wenn bei den Kleinen wieder mal ein Wachstumsschub ansteht!

Unterwegs mit Kind in Hamburg

Von A nach B kommen muss man regelmäßig. Mit Kind stellt das manchmal ein gar nicht so leichtes Unterfangen dar. Fürs Fahrrad braucht man Anhänger oder Kindersitz, in öffentlichen Verkehrsmitteln muss der Kinderwagen mitkommen können. Alle Tipps, Tricks und die wichtigsten Adressen rund ums Thema Mobilität mit Kind in Hamburg finden sich in diesem Kapitel.

Mit Bus und Bahn

Hamburg und seine direkte Umgebung verfügt über ein engmaschiges Nahverkehrsnetz aus Bussen, S- und U- Bahnen. Angeblich gibt es niemanden in der Hansestadt, der weiter als 300 Meter von einer Haltestelle entfernt wohnt.

Das Ein- und Aussteigen mit Kinderwagen in Bussen, S- und U-Bahnen ist ziemlich unproblematisch möglich. Die Bahneinstiege sind in der Regel eben zum Bahnsteig oder haben einen erhöhten Bereich. Die Busse haben am hinteren Einstieg ausklappbare Rampen für Rollstuhlfahrer und können ihren Einstieg außerdem absenken.

Allerdings ist zu beachten, dass leider längst nicht alle Haltestellen der S- und U-Bahnen barrierefrei sind. Auf dem allgemeinen Netzplan, der in sämtlichen Haltestellen aushängt, sind alle Haltestellen, die mit Fahrstühlen ausgestattet sind, mit einem kleinen Rollstuhlsymbol gekennzeichnet.

Ob man zu Hauptverkehrszeiten wirklich mit Kinderwagen in einer der beliebten Metrobuslinien mitfahren will, sollte man sich trotzdem gut überlegen. Insbesondere die Linien 4 und 5 sind rund um die Universität morgens und abends so voll mit Studentinnen und Studenten, dass man auch ohne Kinderwagen manchmal nicht mehr mitkommt.

Ein besonderes Highlight für Kinder und Erwachsene

Tarife im HVV:
Meist lohnt sich schon ab 2 Fahrten nach 9 Uhr eine sogenannte **9-Uhr-Tageskarte** – ob allein oder in der Gruppe. Und: Auf den verschiedenen Tageskarten für einen Erwachsenen können bis zu drei Kinder bis 14 Jahre umsonst mitfahren.
Generell gilt: Kinder bis sechs Jahre fahren beim HVV umsonst mit, zwischen 6 und 14 Jahren gibt es für sie vergünstigte Tarife.

Zu Hauptverkehrszeiten sind die Busse leider oft zu voll für die Fahrt mit Kinderwagen.

sind die Elbfähren, die beispielsweise an den Landungsbrücken oder in der HafenCity ablegen. Sie lassen sich mit den regulären Tickets des HVV ohne Aufpreis nutzen. Über die Einstiegsrampen kommt man auch mit Kinderwagen gut auf die Fähren und kann sie im unteren Einstiegsbereich bequem abstellen.

Mit dem Auto oder Leihwagen

Wer sich in Hamburg einen Leihwagen nehmen will, sollte schon bei der Bestellung unbedingt mit angeben, einen Kindersitz zu brauchen.

Etwas problematisch ist es leider, wenn man in Hamburg mit dem Auto von Freunden, Verwandten oder Bekannten unterwegs ist. Es gibt nur zwei Verleiher, die Sitze für einzelne Tage herausgeben: den Laden *Kukulino* (▶ Seite 153) in Barmbek sowie den Verleihservice *Lifethek* (www.lifethek. de). Unbedingt rechtzeitig anfragen und dann natürlich die Abholung organisieren!

Die Parkplatz-Situation innerhalb Hamburgs gestaltet sich leider sehr unterschiedlich. In die Innenstadt, nach Altona, Eppendorf oder ins

Tipp:
Einige der Fahrradverleiher bieten auch geführte **Hamburg-Touren** mit dem Rad an. Das ist eine spannende und familienfreundliche Variante, um die Stadt kennenzulernen!

Schanzenviertel fährt man lieber mit öffentlichen Verkehrsmitteln! Wenn sich die Fahrt mit dem Auto nicht vermeiden lässt, sollte man idealerweise Parkhäuser aufsuchen, doch auch diese zeichnen sich in Hamburg leider nicht in jedem Fall durch Komfort und Elternfreundlichkeit aus. So ist zum Beispiel das Parkhaus am Spielbudenplatz an der Reeperbahn nicht barrierefrei! Alle anderen zentralen Häuser verfügen zwar in der Regel über Fahrstühle, diese sind jedoch teilweise sehr eng.

Mit dem Fahrrad

Insgesamt hat sich die Situation für Radfahrer in den letzten Jahren zwar deutlich verbessert, ist an vielen Stellen jedoch leider immer noch sehr ungenügend und auch gefährlich – vor allem mit einem Kinderanhänger. So sind zum Beispiel auf den beiden großen Straßen Elbchaussee oder Reeperbahn nur eine schlechte bis gar keine Radwegführung vorhanden, und man sollte das Fahren mit Kind hier lieber vermeiden! An anderen Stellen wie im Alten Land oder in Wilhelmsburg lassen sich hingegen kilometerlange tolle Radtouren am Deich entlang machen!

Seit einigen Jahren hat Hamburg mit „Stadtrad" ein Leihfahrradsystem, das gut angenommen und stetig ausgebaut wird. Dies liegt sicherlich nicht zuletzt daran, dass die erste halbe Stunde jeder Fahrt kostenlos ist. So kommt man im inneren Stadtgebiet fast immer gratis von A nach B. Die Sättel der Leihräder lassen sich leicht verstellen, sind insgesamt aber auf Erwachsene ausgerichtet. Für Kinder unter 1,40 Meter eignet sich das Leihfahrrad-System leider nicht.

Verschiedene Fahrradverleiher haben auch Kinderräder im Angebot. Wer in Hamburg jedoch Fahrräder mit Kindersitz oder Kinderanhänger leihen möchte, sollte dafür vorher anfragen. Die *Fahrradstation* (www.fahrradstation-hh.de) im Grindelviertel, *Koech2Rad* (www.koech2rad.de) in Hamburg-Horn oder *Hamburg city cycles* (www.hhcitycycles.de) auf St. Pauli haben solche dann ebenfalls im Angebot.

Zu Fuß

Insgesamt ist Hamburg relativ ebenerdig und hat – im Vergleich zu anderen europäischen Großstädten – gute und breite Bürgersteige. Mit Kinderwagen oder Buggy ist man somit fast überall in der Stadt bequem unterwegs. Auch Treppen halten sich im allgemeinen Stadtbild in Grenzen. Eine Ausnahme bilden mehrere Bereiche des Elbufers. Das Treppenviertel in Blankenese ist – wie der Name schon vermuten lässt – nicht ansatzweise barrierefrei. Auch in Övelgönne muss man sich auskennen: Ganz ohne Stufen erreicht man den Museumshafen und den Strand nur über die Straße Neumühlen, sämtliche kurzen Zugänge von der Elbchaussee sind mit viel Treppensteigen verbunden. Auch der Elbstrand selbst ist mit Kinderwagen schwer zu begehen. Aufgrund des relativ weichen Sandes bleiben die Räder schnell stecken – da hilft auch das sportlichste Modell nicht viel ... Abgesehen von diesen kleinen Hürden: Viel Spaß beim Herumlaufen in der Hansestadt!

Hamburg Tourismus Angebote

Hamburg Tourismus bietet mit der **Hamburg Card** ein Angebot, mit dem man unbegrenzt den öffentlichen Nahverkehr nutzen kann und gleichzeitig Rabatte bei Stadtrundfahrten, Schiffsrundfahrten, in Museen, Musicals, Theatern und Restaurants bekommt. Es gibt die Hamburg-Card für einen, drei oder fünf Tage. Außerdem kann man wählen zwischen der Variante für eine Person mit bis zu drei Begleitpersonen bis 15 Jahre oder der Karte für fünf Personen beliebigen Alters.

Die Einzelkarte für einen Tag mit bis zu 3 Kindern kostet 10,50 Euro. Das kann sich gegenüber einem normalen HVV-Tagesticket schnell rechnen, wenn man z. B. einen Besuch bei *Hagenbeck* oder im *Miniatur Wunderland* plant. Letztlich muss allerdings jeder für sich selbst abwägen, welche und wieviele Aktivitäten aus dem „Hamburg-Card-Rabattkatalog" er tatsächlich plant und ob damit ein paar Euro gespart werden können. Alle Infos zur Hamburg-Card gibt es unter: *www.hamburg-tourism.de*

Wickeln unterwegs

Wann bei kleinen Kindern mal was in die Windel geht, lässt sich schwer vorhersagen. Wenn man gerade mitten im Stadtbummel ist, sollte das kein Grund sein, wieder in die eigene Unterkunft zurückfahren zu müssen. Also schnell den nächsten Wickeltisch finden: in einer öffentlichen Toilette, im Kaufhaus, im Einkaufszentrum oder in einer Drogerie. Normalerweise ist immer eine Möglichkeit in der Nähe!

Öffentliche Toiletten

Wie fast überall, schwankt auch in Hamburg die Qualität der öffentlichen Toiletten sehr stark. Die meisten Anlagen sind veraltet und relativ unappetitlich, haben leider auch nur selten eine Wickelmöglichkeit. Eine hochmoderne Anlage mit Wickeltisch findet sich in der Wandelhalle des Hamburger Hauptbahnhofes. Deren Benutzung kostet dafür dann auch einen stolzen Euro! Aber auch in der S-Bahn-Station Jungfernstieg, am Bahnhof Dammtor und am Altonaer Bahnhof sind mittlerweile halbwegs moderne Anlagen mit Wickelmöglichkeit vorhanden.

Übersicht über öffentliche Toiletten: www.stadtreinigung.hamburg/privatkunden/toiletten

Kaufhäuser und Einkaufszentren

Auch die Kundentoiletten großer Kaufhäuser und Einkaufszentren sind mittlerweile in der Regel mit Wickelmöglichkeiten ausgestattet:

Europa-Passage in der City (auch mit Stillraum), Ballindamm 40 | Karstadt in Eimsbüttel, Osterstraße 119 | Mercado Altona, Ottenser Hauptstraße 10 | Phoenix Center Harburg, Hannoversche Straße 86 | Wandsbek Quarree (am Wochenende auch Kinderbetreuung), Quarree 8–10 | Hamburger Meile Barmbek (auch Stillraum u. Kinderbetreuung), Hamburger Str 27

Drogerien

Achtung: Nicht alle Filialen haben eine Wickelstation!

Eine einfache und weit verbreitete Wickelgelegenheit – nicht nur in Hamburg – sind Filialen großer Drogerieketten. Hier finden sich in der Babyabteilung meistens Wickeltische mit Hygienetüchern und Windeln werden kostenlos zur Verfügung gestellt. In Hamburg sind insbesondere *Budnikowski* und *dm* verbreitete Ketten, die diesen Service anbieten.

Kinderfreundliche Unterkünfte

Ob im Hotel, im Hostel oder auf dem Campingplatz: Kinder brauchen in der Regel ein eigenes Bett und kinderfreundliche Zimmernachbarn. Wickeltische, Kinderstühle oder die Möglickeit, Brei zu erwärmen, sind ebenfalls begrüßenswerte Eigenschaften. Im Folgenden findet sich eine Übersicht von Unterkünften, in denen Kinder garantiert willkommen sind!

● **Campingplätze**
Campingplatz Buchholz (Eimsbüttel)

Camping mitten in der Großstadt an der Hauptstraße? Was eher ungewöhnlich klingt, ist in Eimsbüttel seit vielen Jahren möglich. *Camping Buchholz* vermittelt direkt an der Kieler Straße, nicht weit von der Autobahnauffahrt entfernt, einen Hauch von Camping-Idylle. Neuerdings bieten die Betreiber im „Haupthaus", in dem auch eine kleine Gaststätte untergebracht ist, außerdem Bed&Breakfast-Zimmer an. Es gibt einen Aufenthaltsraum sowie Waschmöglichkeiten auf dem Camping-Gelände, der nächste Kinderspielplatz ist zwei Minuten entfernt. Sicher kann man hier günstig und relativ zentral übernachten. Das Naturerlebnis bleibt jedoch leider aus.

Kieler Straße 374 | Tel. (0 40) 5 40 45 32 | www.camping-buchholz.de | Zelt/Wohnwagen ab 15 € pro Nacht, zzgl. 10 € pro Person | S-Bahnhof Stellingen (S3, S21), U-Bahnhof Hagenbecks Tierpark (U2) oder Bus 4 bis Basselweg

Die Übernachtung in Zelt oder Wohnwagen ist für Kinder ein tolles Abenteuer

Camping am Falkensteiner Ufer (Blankenese/Rissen)

Direkt an der Elbe am westlichen Hamburger Stadtrand versteckt sich ein wirklich toller und auch naturnaher Campingplatz. Mit seiner Lage direkt am Elbe-Sandstrand zwischen lichten Nadelbäumen kommt hier bei gutem Wetter richtig entspanntes Urlaubsgefühl auf! Es darf auch gegrillt werden. Aber lieber nicht zu nahe am Wasser, sonst schwappt schon mal eine große Welle heran, wenn ein Containerriese am Grillplatz vorbeifährt.

Sowohl Zelte als auch Wohnwagen finden auf dem Campingplatz am Falkensteiner Ufer Platz, für Zelte sind allerdings keine Stromanschlüsse vorgesehen. Im *Café Lukus* gibt es ein nettes Frühstück sowie eine kleine Auswahl warmer Speisen. Die Sanitäranlagen sind modern renoviert und sauber, die Übernachtungspreise moderat. Einen großen Spielplatz gibt es obendrein. Nur die Verkehrsanbindung könnte besser sein.

Falkensteiner Ufer 101 | Tel. (0 40) 81 29 49 | www.elbecamp.de | Zelte ab 7,90 € pro Nacht, Wohnmobile ab 14,90 €. Zzgl. pro Erw. 7,50 €, Kinder ab 2,50 € | S-Bahnhof Blankenese (S1, S11), dann Bus 189 bis Tinsdaler Kirchenweg und 10 Min. Fußweg

Einen tollen Blick auf den Hafen gibt es für Übernachtungsgäste der *Jugendherberge Auf dem Stintfang* gratis dazu.

● Jugendherbergen und Hostels

Jugendherberge Auf dem Stintfang (St. Pauli)

Diese Jugendherberge sollte nicht nur aufgrund ihrer Kinderfreundlich-keit, sondern auch wegen ihrer Lage ganz oben auf der Prioritätenliste stehen. Direkt über dem S-Bahnhof Landungsbrücken hat man von hier den besten Blick auf den Hafen und ist außerdem total zentral zwischen Elbe und St. Pauli untergebracht. Vor einigen Jahren wurde die Herberge grund-legend renoviert und erstrahlt heute (zumindest von innen) in modernem Glanz. Hier gibt es 2- bis 8-Bett-Zimmer, größtenteils mit eigenen Sani-täranlagen. Kinder bis zwei Jahre übernachten und essen kostenlos, bis fünf Jahre erhalten sie Preisnachlässe. Typische Jugendherbergsangebote wie die Möglichkeit, selbst zu kochen oder zu waschen, sind mit Kindern sicher nicht verkehrt. Allerdings ist die Herberge nicht in der Kategorie „Familienherberge" des *Deutschen Jugendherbergsverbands* eingestuft – im Gegensatz zu der Herberge *Horner Rennbahn*. Das heißt, dass hier Baby-betten, Hochstühle und Wickeltische leider nicht zum Standard gehören. Außerdem sollte man bedenken, dass am Stintfang viele Klassenfahrten und junge Backpacker unterwegs sind. Die Reeperbahn ist nebenan. Wem seine Nachtruhe sehr heilig ist, für den ist diese Unterkunft möglicherwei-se doch eher zweite Wahl!

Alfred-Wegener-Weg 5 | Tel. (0 40) 5 70 15 90 | www.jugendherberge.de |
ab 22 € pro Person pro Nacht | S-/U-Bahnhof Landungsbrücken (S1, S3, U3 und Bus 112)

Jugendherberge Horner Rennbahn (Horn)

Zwar ist die Jugendherberge in Horn nicht ganz so zentral gelegen wie jene am Stintfang, aber Ausblick hat sie auch: auf die Horner Pferderennbahn. Außerdem besitzt sie das Siegel „Familienjugendherberge", das deutliche Vorteile bringt: Kinderstühle, Kinderbetten und kostenlose Wickelaufla-gen werden gern zur Verfügung gestellt, im Haus sowie auf dem Außen-gelände gibt es Spielbereiche, und die Steckdosen sind gesichert. Auch die Herberge in Horn ist modern und komfortabel – in vielen Zimmern gibt es eigene Sanitäranlagen. Zwar ist der Einzelpreis für Übernachtungen im Mehrbettzimmer hier leicht höher als am Stintfang, dafür sind die Famili-enzimmer günstiger! Und auch hier übernachten Kinder unter 2 umsonst. Die Herberge bietet einen Grillplatz und Waschmöglichkeiten. Doch der große Nachteil der Anlage ist leider die Lage. Zur nächsten U-Bahn muss man entweder 15 Minuten laufen oder Bus fahren. Und dann ist es von dort noch einmal circa eine Viertelstunde Fahrtzeit in die Innenstadt. Toll für Kinder ist es hier, aber die Verkehrsanbindung schreckt leider ab.

Rennbahnstr. 100 | www.jugendherberge.de | ab 24 € pro Person pro Nacht | U-Bahnhof Horner Rennbahn (U2, U4) und dann Bus (23, 213) bis Tribünenweg

Superbude (St. Georg)

Die Superbude gibt es zweimal in Hamburg – auf St. Pauli und St. Georg. Empfehlenswerter für Eltern mit Kindern ist das moderne Haus in St. Georg, das mit Familienzimmern, einem Fahrradverleih und einem Spielezimmer ausgestattet ist. Für Kinder unter 2 wird außerdem kostenfrei ein Babybett zur Verfügung gestellt, Kinder bis 12 bekommen Zustellbetten. Viele Bereiche des Hauses sind barrierefrei zugänglich, auch mit dem Kinderwagen kommt man hier also in der Regel bis aufs Zimmer. Außerdem kann man in der Superbude selbst waschen, selbst kochen jedoch leider nicht. Auch die Umgebung ist nur mäßig kinderfreundlich: Mitten an der Hauptstraße im Industriegebiet gelegen ist es nicht allzu idyllisch. Die beliebte Meile Lange Reihe in St. Georg ist fußläufig erreichbar, die Innenstadt auch nicht weit. So lässt es sich leicht verschmerzen, wenn man hier hauptsächlich übernachten, nicht aber die gesamte Freizeit verbringen will.

Spaldingstraße 152 | Tel. (0 40) 3 80 87 80 | www.superbude.de | ab 65 € fürs Doppelzimmer | S-/U-Bahnhof Berliner Tor oder S-Bahnhof Hammerbrook (S1, S21, S3, U2, U3, U4)

● Kinderhotel

Kinderhotel Bengel & Engel (Eimsbüttel)

Eltern bleiben hier nachts draußen! Das Kinderhotel *Bengel & Engel* ist eine Unterkunft ganz allein für Kinder, die selbstverständlich von fachkundigem Personal betreut werden. Los geht es beim „Check In" mit einem fruchtigen Begrüßungscocktail. Danach lernen sich die kleinen Gäste beim gemeinsamen Abendessen gegenseitig kennen und können sich – anders als in den üblichen Hotels – ihr Bett selbst aussuchen. Jedes Kind zwischen zehn Monaten und zehn Jahren ist herzlich willkommen. Ans Hotel angeschlossen ist eine Kita, sodass hier, mitten in Eimsbüttel, wirklich Tag und Nacht Leben im Haus ist!

Sicher ist das Kinderhotel keine Option für einen längeren Urlaub. Aber wer abends einmal ohne Kinder ausgehen will, weiß sie hier gut versorgt. 15 Stunden lang, von 18 Uhr abends bis 9 Uhr morgens, bietet das „Hotelpersonal" an, auf die kleinen Engel und Bengel aufzupassen und sie auch mit einem reichhaltigen Frühstück zu verwöhnen. Wer die Kinder länger betreut haben will, zahlt extra. Allerdings ist das Kinderhotel natürlich nur eine Option für Kinder, die sich schnell an unbekannte Betreuungspersonen gewöhnen können. Dann ist es für sie sicher ein großer Spaß!

Sillemstraße 60a | Tel. (0 40) 43 17 94 90 | www.bengel-engel.de |
89 € pro Übernachtung pro Kind, Geschwisterkinder 79 € |
U-Bahnhof Osterstraße (U2) oder Bus 4 bis Sartoriusstraße

● **Hotels**

Stadthaus Hotel (Altona)

Das Stadthaus-Hotel im Stadtteil Altona ist ein Integrationsprojekt: Hier arbeiten in erster Linie Menschen mit Behinderung, die einen tadellosen Service an der Rezeption, beim Zimmerservice und auch am Frühstücksbuffet bieten. Die Hälfte der Zimmer sind hier barrierefrei und somit auch mit Kinderwagen gut zu erreichen, Babybetten werden zur Verfügung gestellt, und Kinder sind hier sehr gern gesehene Gäste. Hinter dem Haus ist ein kleiner Park mit Spielplatz, wo sie sich austoben können.

Tipp: Nur wenige Meter entfernt liegt das **Schwimmbad Festland** mit großem Kinderbereich.

Holstenstraße 118 | Tel. (0 40) 3 89 92 00 | www.stadthaushotel.com |
138 € fürs Doppelzimmer (inkl. Frühstück) | S-Bahnhof Holstenstraße
(S21, S31, S11) oder Bus (20, 25, 115) bis Max-Brauer-Allee (Mitte)

Hotel Stella Maris (Neustadt)

Das Hotel Stella Maris bietet für Familien vor allem zwei Pluspunkte: Babybetten werden zur Verfügung gestellt und im Aufenthaltsraum gibt es Tischfußball. Ansonsten besticht das Hotel durch maritimen Charme, moderate Preise und eine grandiose Lage im quirligen Portugiesenviertel zwischen Landungsbrücken und Michaeliskirche (Michel). Ob Elbe, Speicherstadt, Reeperbahn oder Innenstadt: Fast alles lässt sich von hier bequem zu Fuß erreichen. Und auf dem großen Michel-Vorplatz direkt nebenan haben Kinder garantiert viel Spaß, auf den Treppen herumzuklettern.

Reimarusstr. 12 | Tel. (0 40) 3 19 20 23 | www.hotel-stellamaris.de |
ab 50 € fürs DZ mit Gemeinschafts-Waschräumen, ab 109 € fürs DZ mit eigenem Bad |
S-/U-Bahnhof Landungsbrücken (S1, S3, U3) oder U-Bahnhof Baumwall (U3)

Lindner Park-Hotel Hagenbeck (Lokstedt)

Natürlich ist die Lage dieses Hotels für Kinder ein Traum: Direkt neben dem Zoo, nachts meint man die Bären schnarchen zu hören. Es gibt Babybetten, und fast alle Zimmer sind barrierefrei erreichbar. Trotzdem ist man hier nicht nur auf Kinder eingestellt: Die großzügige Sauna- und Fitnessanlage im Hotel ist für Kinder eher nicht gedacht. Die Zimmer sind thematisch nach Afrika, Asien und der Arktis gestaltet – teilweise finden Kinder das sehr spannend, manchmal auch eher spießig. Nichtsdestotrotz geht das Hotel bei seiner Lage natürlich mit besonderen Angeboten auf Familien ein.

Tipp:
Es gibt immer wieder verschiedene **Paket-Angebote**, z. B. mit zwei Nächten im Familienzimmer inklusive Tierpark-Eintritt, Vollpension und Kinderüberraschung für 154 € pro Erwachsenem.

Hagenbeckstraße 150 | Tel. (0 40) 8 00 80 81 00 |
www.lindner.de/de/parkhotel_hagenbeck_hamburg |
ab 60 € pro Person pro Nacht | U-Bahnhof Hagenbecks Tierpark (U2)

Holiday Inn Hamburg (Rothenburgsort)

Spezielle Familienangebote, Babybetten, Kinderstühle, Babysitter-Service auf Anfrage, eine Kinderkarte im Restaurant und ein Spielplatz direkt nebenan: Das Holiday Inn Hamburg versucht als einziges Hamburger Hotel, wirklich umfassend auf Familien einzugehen! Auch der Hotel-Pool steht bei Kindern naturgemäß hoch im Kurs.

An das Hotel angrenzend ist ein kleiner Park, der sich für Eltern zum Joggen und für Kinder zum Toben eignet. Aus dem Hotel-Restaurant bietet er außerdem einen tollen Ausblick. Für Autofahrer ist das Hotel direkt an der Autobahn mit über 200 Parkplätzen nahezu perfekt erreichbar. Wer mit öffentlichen Verkehrsmitteln reist, muss den Bus nehmen. Der fährt aber relativ regelmäßig und braucht vom Hauptbahnhof nur etwa acht Minuten.

Billwerder Neuer Deich 14 | Tel. (0 40) 78 84 88 88 | www.hi-hamburg.de |
ab 83 € pro Zimmer | Bus 3 bis Billhorner Mühlenweg

Junges Hotel Hamburg (St. Georg)

Auch wenn der Name dieses Hotels eher symbolisieren soll, dass es hip, zentral und modern ist, werden auch hier spezielle Angebote für Famili-

Mit zentraler Lage und speziellen Familienangeboten überzeugt das *Junge Hotel*.

en gemacht. Einerseits mit Familienzimmern, in denen Kinder bis 12 Jahre kostenlos übernachten, andererseits mit Paket-Angeboten für Familien (zum Beispiel zwei Übernachtungen mit Besuch der Gartenschau, Picknick-ausrüstung und alkoholfreiem Begrüßungscocktail). Darüber hinaus gibt es ein Spielzimmer für Kinder, das vom Frühstücksbereich aus einsehbar ist. Die Lage des Hotels ist zentral, leider jedoch an der Hauptstraße.

Kurt-Schumacher-Allee 14 | Tel. (0 40) 41 92 30 | www.jungeshotel.de | ab 112 € pro Famili-enzimmer | Hauptbahnhof (alle Linien) oder Bus (4, 5 u. v. m.) bis Hauptbahnhof ZOB

Aussenalster Hotel (St. Georg)

Auch dieses schmucke Hotel mit 72 Zimmern stellt Babybetten bereit, ist aber vor allem für Familien mit etwas größeren Kindern interessant: Denn neben dem netten kleinen Garten gehören zum Haus ein Segel- und ein Ruderboot, die von Hotelgästen kostenlos genutzt werden können. Aber natürlich muss man schnell sein: Bei gutem Wetter wollen nicht nur Fa-milien rudern gehen. Sollte das Boot schon weg sein, kann man auf den hauseigenen Fahrradverleih ausweichen. Der hat ein paar mehr Räder im

Angebot. Ein toller Service! Das Haus ist ruhig in einer Seitenstraße und dennoch relativ zentral im immer beliebter werdenden St. Georg nahe des Hauptbahnhofes gelegen. Außerdem ist die Außenalster mit tollen Grünflächen zum Toben nur 50 Meter entfernt.

Schmilinskystr. 11 | Tel. (0 40) 2 84 07 85 70 | www.aussenalsterhotel.de |
ab 145 € pro Doppelzimmer inkl. Frühstück | Hauptbahnhof (alle Linien) oder Bus 6 bis
AK St. Georg

Quality Hotel Ambassador (Hammerbrook)

Das Hotel *Ambassador* liegt zentral und gut erreichbar, leider aber nicht wirklich hübsch – im Industriegebiet an der Hauptstraße. Die Umgebung ist somit zwar wenig kinderfreundlich, dafür sind es die großzügigen Familienzimmer mit eigener kleiner Küchenzeile. Insbesondere Eltern mit Säuglingen können hier Wasser fürs Fläschchen abkochen oder Brei erwärmen. Darüber hinaus gibt es ein Spielzimmer mit Duplo-Steinen, Schaukelpferd und Tischkicker. Auch der Hotelpool steht bei Kindern naturgemäß hoch im Kurs! Das Hotel bietet Familien auch spezielle Arrangements mit Begrüßungsgeschenk für die Kinder und Cocktail für die Eltern – leider hat all das auch seinen Preis!

Heidenkampsweg 34 | Tel. (0 40) 2 38 82 30 | www.ambassador-hamburg.de |
Familienzimmer ab ca. 120 € | S-/U-Bahnhof Berliner Tor (S1, S11, U2, U3, U4)

Novotel Hamburg Alster (Hohenfelde)

Die Novotel-Kette wirbt bundesweit mit ihrer Kinderfreundlichkeit: Kinder übernachten in der Regel kostenlos mit im Zimmer der Eltern, ein Extrazimmer für die Kinder kostet nur die Hälfte und häufig ist mit Kindern auch ein späteres Auschecken möglich. Das *Novotel Hamburg Alster* bietet darüber hinaus noch ein paar zusätzliche Extras, um kleine Gäste anzulocken. So finden sich in dem Hotel eine Videospiel- und eine normale Spielecke. Das Restaurant bietet außerdem spezielle Kindermenüs an. Bei Bedarf lässt sich über das Hotelpersonal ein Babysitter buchen. Die Lage des Hotels ist relativ zentral mit guter ÖPNV-Anbindung, aber ohne besonderen Reiz in der Umgebung.

Lübecker Straße 3 | Tel. (0 40) 39 19 00 | www.novotel.com | ab 100 € fürs Familienzimmer |
U-Bahnhof Lübecker Straße (U1, U3)

Einkaufen: Kindersachen & Babyzubehör

Von praktisch und günstig bis individuell und hochpreisig: In Sachen Babyzubehör, Kinderklamotten und Spielzeug gibt es in Hamburg alles zu erwerben. Den notwendigsten Bedarf findet man meist in Läden größerer Ketten, persönliche Einzelstücke eher in kleinen Läden. Von diesen ist hier natürlich nur eine kleine Auswahl der tollsten Shops möglich. Eine der spannendsten und günstigsten Arten, zu neuen Kinderklamotten und Spielzeug zu kommen, sind Flohmärkte.

● **Große Läden & Ladenketten**

Jako-o (Altstadt)

Unter dem Motto „Kindersachen mit Köpfchen" bietet die Kette *Jako-o* sowohl im Internet als auch in ihren Stores in mehreren deutschen Großstädten fast alles rund ums Baby und Kleinkind an. Von farbenfrohen Anziehsachen über Schuhe, Spielwaren, Bücher, CDs und sogar Kinderstühle ist auch in dem Hamburger Geschäft in der Innenstadt ein riesiges Sortiment zu finden. Im Erdgeschoss steht außerdem ein Trampolin, das die kleinen Konsumenten bei Laune hält, während Mama und Papa in Ruhe die eher hochpreisigen Produkte begutachten. Eine kleine Pause kann die gesamte Familie im Eltern-Café im ersten Stock einlegen. Hier darf in der Mikrowelle

Bunte kuschelige Spielkameraden gibt es zum Beispiel bei Jako-o und BabyOne

auch selbst mitgebrachte Babynahrung erwärmt oder schnell ein bisschen heißes Wasser abgekocht werden.

Neben St. Petri-Kirche / Ecke Mönckebergstraße | Tel. (0 18 02) 31 31 21 | www.jako-o.de | Mo–Sa 10–19.30 Uhr | S-/U-Bahnhof Jungfernstieg (S1, S2, S3, U2, U4) oder U-Bahnhof Mönckebergstraße (U3)

babywalz (Neustadt)

Auf zwei Stockwerken bietet *babywalz* nahe des Hamburger Gänsemarktes fast alles, was das Herz frischgebackener Eltern begehrt: Kinderwagen, Autositze, Wickeltaschen, Spielzeuge, Schlafsäcke, Möbel und und und ... Beratung gibt es obendrein. Wer schon vor der Geburt einmal gucken will, kann bei *babywalz* außerdem Umstandsmode erwerben. Unter der Treppe ist eine nette Spielecke mit großem Holzmemory und Hüpftieren eingerichtet. Eine Still- und Wickelmöglichkeit gibt es obendrein.

Valentinskamp / Ecke Caffamacherreihe | Tel. (0 40) 32 50 97 30 | www.baby-walz.de | Mo–Fr 10–19, Sa 10–18 Uhr | U-Bahnhof Gänsemarkt (U2 und Bus 4, 5, 109)

BabyOne

Tipp:
Es gibt außerdem **weitere Filialen** in Osdorf (Osdorfer Landstraße 108), Sasel (Saseler Chaussee 128) und in Harburg (Großmoorbogen 15) mit den gleichen Öffnungszeiten.

In den Märkten der Kette *BabyOne* finden Schwangere und frischgebackene Eltern wirklich alles, was zur Grundausstattung gehört: von Möbeln über Kinderwagen, Autositze, Stillkissen, Windeleimer bis hin zu Babytragesystemen. In den Fachmärkten von *BabyOne* kann wirklich alles rund ums Kind erworben werden. Die Preisklassen reichen dabei von günstigen bis zu sehr hochwertigen und teuren Produkten. Persönliche Beratung gibt es hier natürlich auch – und für den Nachwuchs jeweils eine kleine Kinderspielecke, damit die Eltern auch in Ruhe shoppen können.

z. B. Hammer Steindamm 3–7 (Wandsbek) | Tel. (0 40) 68 91 80 70 | www.babyone.de | Mo–Fr 10–19, Sa 10–18 Uhr

Hartfelder Spielwaren

Mit Marken- und Qualitätsspielzeug Hamburg glücklich machen – das ist das erklärte Ziel von Klaus und Angelika Hartfelder, die in der Hansestadt mittlerweile sechs Läden mit Spielzeug, Bastelbedarf und Schul-Ausstattung betreiben. Man merkt dem Sortiment an, dass hier nicht alles ins Regal kommt, sondern liebevoll ausgesucht wurde. Trotzdem ist die Auswahl sehr vielfältig! Zahlreiche Spielzeuge aus Holz, kleine Kinderküchen für fantasievolle Rollenspiele oder eine reichhaltige Ausstattung für Puppen und Stofftiere findet man in allen gut sortierten Läden von Hartfelder. Hat man dabei mal eine Frage, so bemühen sich die freundlichen Mitarbeiter in der Regel stets um eine hilfreiche Antwort und telefonieren dafür auch mal dem Chef hinterher. Insgesamt eine Kette für Spielwaren, die immer einen Besuch wert ist und überraschende Entdeckungen bietet.

Tipp: Auf der Suche nach Adventskalender-Geschenken findet man bei Hartfelder tolle Kleinigkeiten.

www.hartfelder-spiel.de | jeweils Mo–Sa geöffnet an 5 Standorten in Hamburg

Lego-Store (Altstadt)

Kleine und große Freunde der bunten Steinchen kommen um diesen Laden, der zentral in der Hamburger Einkaufsmeile liegt, garantiert nicht herum! Ob Schiff, Burg, Flughafen oder Südseeinsel – in den hohen Regalen des länglichen Stores findet sich fast jedes halbwegs aktuelle Bauset von Lego. Über Einscannen des Barcodes kann auf einem Monitor angeguckt werden, wie das jeweilige Set „in action" aussieht. Darüber hinaus können die kleinen Steinchen von der farbenfrohen „Pick a brick"-Wand auch einzeln in kleinen Bechern erworben werden. Immer wieder gibt es spezielle Aktionen, bei denen Kunden zum Beispiel ihre eigenen kleinen Fahrzeuge oder Lego-Figuren designen dürfen.

Spitalerstr. 12 | Tel. (0 40) 40 18 59 41 | www.lego.com/stores/de-DE/stores/de/hamburg | Mo–Sa 10–20 Uhr | S-/U-Bahnhof Jungfernstieg (S1, S2, S3, U2, U4) oder U-Bahnhof Mönckebergstraße (U3)

Zasa

Ob man bei Zasa wirklich schon von einer Kette sprechen kann, sei dahingestellt. Auf jeden Fall betreibt die Marke in Hamburg mittlerweile insgesamt fünf Läden mit ausgefallenen hochwertigen Anziehsachen aus Naturtextilien. Vier davon – alle in Ottensen oder dem Schanzenviertel – sind auf Babys und Kleinkinder ausgerichtet, einer hat sich komplett auf hochwertige individuelle Kinderschuhe spezialisiert. Ansonsten dominiert ein Mix aus farbenfrohen Anziehsachen, gut verarbeitetem Holz- und Stoffspielzeug sowie hübschen Dekoelementen für das Kinderzimmer. Jeder Laden für sich ist einen Besuch wert – vor allem im Schuhladen stimmt nicht nur die Auswahl, sondern auch die gute unaufdringliche Beratung.

ZASA Kinderladen | Schanzenstraße 10 | Tel. (0 40) 43 28 07 14 | www.zasa.de | Bahnhof Altona (S1, S11, S3, S31)

ZASA Schuhe für Königskinder | Große Brunnenstraße 61 | Tel. (0 40) 32 52 28 79 | www.zasa.de | S-Bahnhof Sternschanze (S11, S21, S31)

● Kleine, individuelle Geschäfte
Elbprinz und Alstergöre (Ottensen)

Im Herzen Ottensens liegt dieser kleine Kinderladen, der individuelle farbenfrohe Neuware führt. Einige nette Accessoires – auch handgemacht – wie Schnullerketten oder Lätzchen gibt es obendrein. Die Preise sind erfreulicherweise moderat. Besonderer Beliebtheit erfreuen sich die hochwertigen bunten Regensachen. Einziger Nachteil ist, dass es bei Umtauschwünschen kein Bargeld, sondern nur Gutscheine gibt. Doch das kann auch als großer Vorteil gesehen werden, denn hier findet nach kurzem Stöbern fast jeder ein tolles Stück zum Verlieben.

Große Brunnenstraße 61 | Tel. (0 40) 38 66 50 28 | www.alstergoere.com | Mo–Fr 10–18.30, Sa 10–16 Uhr | Bahnhof Altona (S1, S11, S3, S31)

Fantasievolle und bunte Kindersachen gibt's bei Elbprinz und Alstergöre

Kleine Leute (Eimsbüttel)

Unter dem Motto „Lieblingssachen für Kinder" verkauft der niedlich eingerichtete Laden *Kleine Leute* in Eimsbüttel von schicken Kindersachen über Wandsticker bis zu Spielhäusern ganz viele tolle Stücke, die man am liebsten alle gleich einpacken möchte. Doch alles ist Neuware und sehr individuell, daher haben die tollen Dinge leider ihren Preis ... Vorbeigucken lohnt sich trotzdem auf jeden Fall, denn immer wieder finden sich Einzelstücke wie süß gemusterte Kindergartentaschen, an denen man einfach nicht vorbeikommt.

Tipp: Für fußfaule Kunden hat auch *Kleine Leute* inzwischen einen **Onlineshop!**

Mansteinstraße 3 | Tel. (0 40) 23 84 84 02 | www.kleineleute.net | Mo–Fr 11–18, Sa 10–14 Uhr | U-Bahnhof Schlump (U2, U3) und dann Bus 181 bis Bismarckstraße

Kukulino (Barmbek)

Ein buntes Sortiment aus Kinderkleidung, Spielzeug, Büchern sowie Baby- und Kleinkind-Zubehör jeglicher Art hält der Laden *Kukulino* auf seiner Ladenfläche in Barmbek für Kunden bereit. Schon von Weitem sieht man bei gutem Wetter, ob der Laden offen ist, denn dann stehen vor den Schaufenstern und unter dem Schild mit den lustigen bunten „Kukulino"-Buchstaben schon jede Menge Jacken, Hüte und mehr, um stöberfreudige Familien willkommen zu heißen.

In einer Ecke hält der Laden auch bunte, kindgerechte Neuware bereit, die von kreativen Hamburgerinnen und Hamburgern selbst entworfen und genäht wurde. Außerdem werden je nach Saison gebrauchte Waren angekauft – hierfür sollte man, wenn man etwas anbieten möchte, idealerweise vorher einen Termin vereinbaren. Wer Kinderwagen, Autositz oder Hochstuhl nicht immer gleich kaufen will oder vielleicht auch nur kurzzeitig für Gäste benötigt, kann solche praktischen Accessoires bei *Kukulino* praktischerweise auch für nur wenige Stunden oder Tage anmieten.

Heitmannstraße 54 | Tel. (0 40) 50 03 77 77 | www.kukulino.de | Mo–Fr 10–18 Uhr | U-Bahnhof Hamburger Straße (U3) oder Bus 171 und 261 bis Biedermannplatz

Wohngeschwisterchen (Sternschanze)

Auch wenn es der Name erst einmal vermuten lässt, führt der große Shop mitten im angesagten Schanzenviertel nicht nur kindgerechte Möbel, sondern jede Menge Kinder- und Frauensachen, Accessoires, Spielzeug,

Es gibt eine **Spielecke**, in der getobt werden darf, während die Eltern das kreative wohlgeordnete Chaos des Ladens durchstöbern. Auch ein **Wickeltisch** ist vorhanden!

Kissen und sogar einige ausgewählte Kinderwagen- und Buggymodelle im Angebot. Alles ist im skandinavischen Stil gehalten, die Pippi-Langstrumpf-Knuddelpuppe begrüßt die Kundschaft gleich am Eingang des verwinkelten Ladens, der auf das eher kaufkräftige, aber betont jung-modern anmutende Publikum im Viertel abgestimmt ist.

Schulterblatt 98 | Tel. (0 40) 83 98 06 30 | www.wohngeschwisterchen.de | Mo–Sa 10.30–18.30 Uhr | S-Bahnhof Sternschanze (S11, S21, S31) oder Bus 15 bis Schulterblatt

by Graziela (Othmarschen)

Dieser Laden ist zwar extrem klein, dafür aber auch sehr oho! Hauptsächlich vertreibt die Inhaberin ihre kunterbunten Waren wie Taschen, Kinderkoffer, Kindergeschirr und Holzspielzeug über den Onlineshop. Doch drei- bis viermal pro Woche öffnet sie den kleinen Pavillon für einige Stunden auch persönlich und verkauft hier auf runden fünfeinhalb Quadratmetern die besten Stücke. Fast alles ist selbst designt und handgemacht. Wer also ein wirklich individuelles Accessoire sucht ist bei Graziela goldrichtig!

Beselerplatz 3a | Tel. (0 40) 22 61 38 28 | www.bygraziela.com | Do–Sa 10–14, Fr 14–17 Uhr | S-Bahnhof Othmarschen (S1, S11)

Würmerkiste (Eimsbüttel)

Einige Neuwaren und jede Menge Second-Hand-Sachen hat die *Würmerkiste* am Rande Eimsbüttels im Angebot. Neben Klamotten finden sich auch Spielzeuge, Buggys, Lauräder, Tragehilfen und mehr – was eben reinkommt, denn Annahmestopp für Gebrauchtwaren gibt es hier nicht. Besonderes Plus des Ladens: Alles ist barrierefrei, die Gänge sind breit genug für den Kinderwagen. Die einstige Spielecke mit Bällebad wurde leider wieder abgeschafft, um mehr Platz für Sachen zu haben. Ach ja: Die Preise sind fair, die Inhaberin stets gut gelaunt und unaufdringlich. Hier lohnt ein Besuch auf jeden Fall!

Gärtnerstraße 22 | Tel. (0 40) 42 32 67 77 | www.wuermerkiste.com | Mo/Di und Do/Fr 11–18 Uhr | Bus (5, 20, 25) bis Gärtnerstraße

Rumpelstilzchen (Wedel)

Nicht nur Anziehsachen, sondern auch Spielzeug, Bücher und vereinzelt sogar Kinderwägen kann man in dem Laden *Rumpelstilzchen* am Ende der Wedeler Fußgängerzone aus zweiter Hand bekommen. Der Laden hat im Vergleich zu manch anderem Second-Hand-Shop eine schon recht große Grundfläche und kann es sich daher sogar leisten, für Kinder eine kleine Spielecke sowie eine Maltafel in der Ladenmitte bereit zu halten, die den Eltern das Stöbern erleichtern. Die Preise sind hier moderat und fair, die Qualität der Ware variiert dabei von einfachen C&A-Shirts bis zu hochpreisigen Marken.

Bei der Doppeleiche 2 | Tel. (0 41 03) 9 63 91 80 | Di/Do 9–15, Mi/Fr 9–18, Sa 10–14 Uhr | S-Bahnhof Wedel (S1)

Lütt'n Georg (St. Georg)

Von außen wirkt der kleine Laden in der Langen Reihe mit seinem rot-weißen Schriftzug eher schlicht und unauffällig, doch drinnen besticht er seine Kunden vom ersten Augenblick an durch tolle, individuelle Kleidung, Accessoires und niedliches Holzspielzeug, das sich in ansprechendem Ambiente aus Holzmöbeln zwischen schmalen weißen Säulen präsentiert. Viele der Sachen wirken skandinavisch. Wer ein Kindergeschenk sucht,

Handgemachte Accessoires im Kultdesign der 70er-Jahre findet man by Graziela

wird hier garantiert fündig. Und für Eltern mit Kinderwagen bietet der Laden einen ganz besonderen Service: Einfach am Geländer klingeln und prompt kommt Hilfe, um den Wagen in den Laden zu hieven.

Lange Reihe 103 | Tel. (0 40) 97 07 98 50 | www.luettn-georg.de |
Mo–Fr 10–18, Sa 10–16 Uhr | Hauptbahnhof und dann Bus (6, 37) bis AK St Georg

Kunterbunt (Horn)

Von außen wirkt das *Kunterbunt* im Erdgeschoss eines alten Rotklinkerbaus etwas trist und altbacken, doch nach dem Eintreten wird man sehr positiv überrascht: Helle Wände mit bunten Aufklebern und eine wohlsortierte Mischung aus gut erhaltenen Second-Hand-Sachen, Spielwaren und Babyzubehör machen *Kunterbunt* zu einem tollen Laden mit fairen Preisen, in dem man gerne stöbert. Gut erhaltenes Gebrauchtes wird hier auch unkompliziert angekauft. Wer eh in der Gegend wohnt, sollte hier mal auf Schnäppchenjagd gehen.

Bauerberg 4 | Tel. (0 40) 50 03 20 83 | Di–Fr ab 9 Uhr |
U-Bahnhof Horner Rennbahn (U2, U4) oder Bus (31, 116) bis Bauerberg

Kinderhütte Altes und Neues (Bergedorf)

Der kleine Laden am Rande des Bergedorfer Zentrums vereint herzliche gute Beratung mit süßen Kindersachen in alt und neu. Der hintere Teil des schlauchartigen Geschäftes ist eher für die Sachen ab Größe 92 reserviert, vorne finden sich schöne Stücke für die Kleinsten. Trotz der ausgeklügelten Sortierung sagt hier niemand was, wenn Kinder einmal durch den Laden toben und alles durcheinanderwürfeln. In den Gebraucht- und Neuwaren finden sich sowohl tolle günstige Schnäppchen als auch hochpreisigere Einzelstücke. Für Bergedorfer Eltern auf jeden Fall immer wieder einen Besuch wert!

Holtenklinker Straße 12 | Tel. (01 52) 2 79 91 48 |
Mo–Fr 10–13 und 15–18 Uhr | S-Bahnhof Bergedorf (S2, S21)

Spielzeugladen Die Druckerei (Sternschanze)

Auch wenn der Name eher nach Bastelladen klingt, hat *Die Druckerei* im Schanzenviertel vor allem richtig gutes Spielzeug jeglicher Art im Sortiment. Second-Hand findet man hier nicht: Plüschtiere, Greiflinge, Kasperle-Figuren, Holzkreisel, Brettspiele, Schaukelpferde und vieles mehr sind allesamt Neuwaren hervorragender Qualität. Besonders Geschenkesucher entdecken in der *Druckerei* garantiert tolle individuelle Präsente. Die farbenfrohe Holz-Murmelbahn zum Beispiel will man auch als Erwachsener am liebsten gleich selbst ausprobieren oder im Kaufmannsladen ein paar leckere Holzgurken erstehen.

Schanzenstraße 6 | Tel. (0 40) 4 39 68 32 |
www.spielzeugladen-die-druckerei.de |
Mo–Fr 10–18.30, Sa 10–16 Uhr |
S-Bahnhof Sternschanze (S11, S21, S31)

Tipp:
Fingerfarben, Steckperlen, Webrahmen, Stricklieseln und mehr für kleine Bastler gibt es auch! Die dürfen in der **Bastelecke** des Ladens direkt getestet werden.

Paletti Naturwaren (Rotherbaum)

Der schlicht gehaltene Laden im Souterrain eines Wohnhauses im Grindelviertel bietet das komplette Sortiment zur Babyausstattung aus Naturtextilien an: Mützen, Bodys, Jäckchen, Badetücher, Wärmekissen, Felle und und und … Die Farben und Formen sind relativ neutral, die verkauften Marken stammen größtenteils aus Deutschland und Skandinavien. Der Laden bietet außerdem Kinderwagen des Öko-Labels *Naturkind* an – hochwertige Modelle, die laut Hersteller fast komplett schadstofffrei sind. Ein guter, leider auch nicht ganz billiger Laden für Eltern, die Wert auf gute Qualität und umweltfreundliche Produktionsweisen legen. Großes Plus: Wenn einer der hier gekauften Artikel mal nicht richtig passt, kann ohne große Probleme umgetauscht oder zurückgegeben werden.

Rutschbahn 5 | Tel. (0 40) 44 00 71 | www.paletti-naturwaren.de |
Mo–Fr 10–19, Sa 10–16 Uhr | Bus (4, 5) bis Bezirksamt Eimsbüttel

fuxVintage (St. Pauli)

Mitten auf St.Pauli findet sich ein recht schmaler, aber dafür sehr liebevoll eingerichteter Kinder-Second-Hand-Shop, in dem die Sachen nach Größen und Farben sortiert an Birkenzweigen hängen. Die Besitzerin hat darüber hinaus zudem hübsche kindgerechte Tierbilder an die weiß und hellgrün gestrichenen Wände gehängt und in einem kleinen Flur findet sich außer den Anziehsachen noch selbstgemachter Kleinkram zum Mitnehmen. Ganz günstig sind die Sachen hier zwar nicht, dafür sind die hochwertigen Klamotten handverlesen und teilweise um Selbstgenähtes ergänzt.

Wohlwillstraße 11 | Tel. (0 40) 18 00 41 70 | www.facebook.com/fuxvintage |
Di–Fr 10–17, Sa 10–16 Uhr | U-Bahnhöfe St. Pauli oder Feldstraße (U3)

● Flohmärkte

Bobbycar und Kidsklamotte im Goldbekhaus (Winterhude)

Zu Jahresbeginn und Jahresende veranstaltet das Goldbekhaus jeweils monatlich den beliebten Indoor-Flohmarkt *Bobbycar und Kidsklamotte*, auf dem sowohl Spielzeug als auch Anziehsachen für Kinder verkauft werden. Privatleute können hier Stände von jeweils drei Metern Länge für rund 40 Euro Standgebühr buchen. Aber nur wer frühzeitig dabei ist, ergattert einen Verkaufsplatz! Aufbau ist dann jeweils ab 9 Uhr, gestöbert werden kann von 10 bis 13 Uhr.

Goldbekhaus e. V. | Moorfuhrtweg 9 | Tel. (0 40) 2 78 70 20 |
www.goldbekhaus.de/maerkte | Okt.–Apr. monatlich | Bus (6, 25) bis Goldbekhaus

Rund ums Kind in der Fabrik (Ottensen)

Etwa alle zwei Monate findet in der Fabrik im Herzen Altonas von 10 bis 14 Uhr ein gut besuchter und sehr beliebter Kinderflohmarkt statt. Im Obergeschoss ist eine Kaffee-Ecke zum Ausruhen zwischendurch, unten gibt es einen Basteltisch für Kinder. Kommerzielle Großhändler sind hier nicht erlaubt, pro Anmeldung ist die Standlänge auf sechs Meter begrenzt.

Beim Kinderflohmarkt in der Fabrik gibt es auf zwei Ebenen Schnäppchen zu ergattern.

Die Anmeldung als Verkäufer ist jeweils ab einem bestimmten Datum per e-mail oder Telefon möglich. Dann sollte man schnell sein, sonst sind die besten Plätze hier weg! Die näheren Infos sind jeweils auf der Webseite der Fabrik zu finden. Wer als Käufer oder Käuferin kommt, sollte am besten gleich um 10 Uhr morgens vor Ort sein, sonst sind die besten Schnäppchen vergriffen. Und mit kleinen Kindern ein Tragetuch mitbringen oder sogar allein ohne Kinder kommen, denn der Kinderwagen passt drinnen nicht durchs Gedränge und kleine Zwerge gehen im Gewühl leicht verloren. Aber das gilt nicht nur hier.

Kultur- und Kommunikationszentrum FABRIK | Barnerstraße 36 | Tel. (0 40) 39 10 70 | www.fabrik.de/veranstaltungen | ca. alle 2 Monate | Bahnhof Altona (S1, S11, S3, S31) oder Bus (2, 37, 150, 283) bis Fabrik

Kinderflohmarkt im Rieckhof (Harburg)

Etwa fünfmal pro Jahr – alle zwei bis drei Monate an Sonntagen – veranstaltet der Rieckhof in Harburg seinen Kinderflohmarkt, auf dem Spielsachen und Kleider gekauft und verkauft werden können. Um 13.30 Uhr geht es jeweils los. Für das unbeschwerte Shopping ist direkt am Eingang ein Kinderwagenparkplatz eingerichtet. Kleine Acts wie Zauberer und Clowns erfreuen die Kinder immer mit lustigen Darbietungen.

Kulturzentrum Rieckhof | Rieckhoffstraße 12 | Tel. (0 40) 7 66 20 20 | www.rieckhof.de | alle 2–3 Monate | S-Bahnhof Harburg (S3, S31) oder Bus (14, 141, 142, 143 u. a.) bis Harburger Ring

Tipp:
Wer im Rieckhof verkaufen möchte, kann das nur persönlich vor Ort ab einem Termin rund 3 Wochen vorher erfragen. Tische werden gestellt. Alle **Infos** zu Terminen und Anmeldung:
www.rieckhof.de

Rund ums Kind – Flohmarkt in der Grundschule Nydamer Weg

Zweimal im Jahr – in der Regel nach den Herbstferien und vor der Märzpause – findet in der Aula der Rahlstedter Grundschule ein großer Kinderflohmarkt statt. Besonderer Clou: Alle Verkäuferinnen und Verkäufer müssen ihre Sachen hier vorher mit Preisschild versehen und dann wird nach Art und Größen sortiert. Das heißt, wer hier gezielt nach Hosen in Größe 92 sucht, findet diese alle auf einem einzigen Tisch. Gezahlt werden sämtliche Fundstücke gesammelt am Ausgang, die Abrechnung mit den Verkäufern erfolgt per Identifizierung über eine Verkäufernummer auf den Preisschildern. Al-

Achtung:
Wer bei diesem Flohmarkt kaufen oder verkaufen will, muss schnell sein. Für die **Verkäufernummern** gibt es regelmäßig Wartelisten und nach Öffnung der Flohmarkt-Tore um 10 Uhr sind die besten Stücke oft schnell vergriffen.

lerdings bekommen die Verkaufenden nicht den gesamten Erlös, ein geringer Anteil kommt dem Schulverein zugute. Dieser bietet bei dem Flohmarkt übrigens auch Kaffee und Kuchen zu fairen Preisen an.

Grundschule Nydamer Weg | Nydamer Weg 44 | www.grundschule-nydamer-weg.de | zweimal jährlich | U-Bahnhof Berne (U1) und dann Bus 275 bis Redderblock

Rund ums Kind – Flohmarkt des TSG Bergedorf

Etwa alle zwei Monate veranstaltet der TSG Bergedorf in seinem Sportzentrum einen Flohmarkt *Rund ums Kind*, bei dem gegen eine Kuchenspende sowie 10 Euro Standgebühr für drei Meter auch verkauft werden kann. Von 9 bis 12 Uhr darf hier jeweils sonntags gestöbert werden, der Verein wirbt mit guten Parkmöglichkeiten – man kann somit unbeschwert einkaufen und anschließend bequem den Kofferraum voll laden. Leider ist die Homepage des TSG bezüglich der Flohmarkttermine nicht immer auf dem neuesten Stand. Doch wenn man „Bult", „Hamburg" und „Flohmarkt" in die Suchmaschine eintippt, findet man die aktuellen Ankündigungen in der Regel auch auf Terminseiten für Veranstaltungen im Stadtteil.

TSG Sportzentrum BULT | Bult 8 | Tel. (0 40) 72 41 01 68 | www.tsg-bergedorf.de | viermal jährlich | S-Bahnhof Bergedorf (S21) und dann Bus (135, 235, 332) bis Mohnhof

Sülldorfer Kinder-Flohmarkt (Sülldorf)

Zweimal jährlich – im Frühjahr und Herbst – findet in der Kirchengemeinde Sülldorf-Iserbrook ein großer und recht professionell organisierter Kinderflohmarkt statt. Dabei gibt es von Kinderkleidung über Spielzeug und Zubehör viel Auswahl in teilweise sehr guter Qualität. Sowohl auf der großen Wiese hinter der Kirche als auch im dazugehörigen Gemeindehaus auf zwei Stockwerken ist Platz für Verkaufsstände. Waffeln, Kuchen und Kaffee werden selbstverständlich auch angeboten. Wer hier verkaufen möchte, findet alle organisatorischen Informationen sehr ausführlich auf der Website des Flohmarktes beschrieben. An bestimmten Tagen etwa drei Wochen vor dem Flohmarkt-Termin muss eine Mail an die Veranstalter geschickt werden. Der Aufbau findet jeweils bereits am Vorabend des Flohmarktes statt, denn morgens um 8 Uhr geht es mit dem Verkauf bereits los. Ein Markt, der nur 2 Minuten von der S-Bahn-Station entfernt und stets gut besucht ist. Speziell bei schönem Wetter lohnt sich ein Besuch hier auf jeden Fall!

Kirchengemeinde Sülldorf-Iserbrook | Sülldorfer Kirchenweg 187 | Tel. (0 40) 87 49 11 | www.kinderflohmarkt-suelldorf.de | zweimal jährlich | S-Bahnhof Sülldorf (S1)

Familienflohmarkt im HausDrei (Altona)

Der Flohmarkt im Altonaer Kulturzentrum HausDrei ist zwar nicht auf Kindersachen spezialisiert, erfahrungsgemäß werden hier aber viele verkauft und die Nachfrage ist auch entsprechend groß. Einmal monatlich findet der Flohmarkt statt, in den Wintermonaten drinnen und draußen, im Sommer nur auf dem Außengelände. Der laufende Meter kostet 6 Euro plus eine pauschale Anmeldegebühr von 5 Euro. Aber sowohl das Verkaufen als auch das Stöbern lohnen sich – besonders in den ersten Stunden von 10 bis 12 Uhr.

HausDrei | Hospitalstraße 107 (im Park) | Tel. (0 40) 38 89 98 | www.haus-drei.de/event | monatlich, i. d. R. sonntags | S-Bahnhof Holstenstraße (S11, S21, S31) oder Bus (15, 20, 25, 183) bis Max-Brauer-Allee (Mitte)

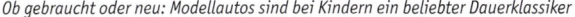

Ob gebraucht oder neu: Modellautos sind bei Kindern ein beliebter Dauerklassiker

Medientipps für Eltern & Kinder

● **www-tipps**

www.nurkinderkram.de

Blog mit spannenden Tipps rund ums Kind sowie Flohmarkt- und Veranstaltungsterminen nach Stadtteilen sortiert.

www.lifethek.de

Alles zum Ausleihen – auch rund ums Kind.

www.seiteneinsteiger-hamburg.de

Alles rund um Leseprojekte für Kinder in Hamburg.

www.buchstart-hamburg.de

Alles rund um Buchprojekte für ganz kleine Kinder ab der Geburt.

www.kinderkinder.de

Kunst und Kulturprojekte für Kinder in Hamburg.

www.hamburg.de/kinder

Sammlung von Ausflugstipps und Ratschlägen rund ums Kind.

● **Bücher**

Claudia Stodte, Peter Fischer (EDT 2013)

**Hamburg entdecken und erleben–
Das Lese-Erlebnis-Mitmach-Buch für Kinder und Erwachsene**

Viel Wissenswertes über die Hamburger Geschichte und Hamburger Eigenarten – kindgerecht aufbereitet und mit spannenden Tipps gespickt.

Claas Janssen (Edition Q 2013)

**Das große Hamburg-Buch für Kinder –
Alles zum Malen, Basteln, Rätseln rund um die schönste Stadt der Welt**

Hamburg zum Gestalten und Rätseln: Mit Postkarten-Bastelset oder lustigen Spielen rund um den Hafen.

Matthias Gretzschel (Hamburger Abendblatt 2014)

Hamburgs Museen – Geschichte, Sammlungen und Angebote

Ein guter Überblick über mehr als 70 Museen in der Hansestadt mit ihren Eigenarten und auch den Kinderprogrammen.

Feste & Veranstaltungen für Kinder

● **Mai/Juni**
KinderKurzFilmFestivalHamburg
Eine Woche lang viele kindgerechte Filme unter einem bestimmten Motto.
Und eine Kinderjury kürt am Ende die besten davon.

● **Juni**
Kindermusikfest Laut und Luise
Einen Sommertag lang dreht sich bei *Planten un Blomen* alles um Musik für
Groß und Klein – Tanzen, Instrumente testen und genießen.
Erdbeerfest um das Rieck Haus
Erdbeerernte, Erdbeerbowle, Erdbeerkuchen und noch vieles mehr drum-
herum gibt es beim Erdbeerfest am Curslacker Deich.

● **August/September**
Hamburger Familientag rund ums Rathaus
Das große Kinder- und Familienfest der Stadt, bei dem es neben tollen At-
traktionen auch viele praktische Tipps gibt.

● **September**
Weltkinderfest in den Wallanlagen
Das große Fest zum Weltkindertag mit Sackhüpfen, Kinderschminken, Tanz
und und und …
Kinderolympiade
Hamburgs Sportvereine bieten in Eimsbüttel ganz viele tolle Sportarten in
einem großen Parcours zum Testen an.

● **September/Oktober:**
Michel Kinder und Jugend Filmfest
Acht Tage lang internationale Filme für Kinder von vier bis 16 Jahren und
am Ende kriegt der beste den begehrten Michel-Filmpreis.

● **November**
Hamburger Märchentage
Zahlreiche Märchenlesungen quer durch die Stadt. Mit großem Märchen-
Schreibwettbewerb des Hamburger Abendblattes.

Register

Impressum

Liebe Leserinnen und Leser,
alle Angaben in diesem Stadtführer sind gewissenhaft geprüft. Trotz gründlicher Recherche unserer Autorinnen und Autoren können sich manchmal Fehler einschleichen. Wir bitten um Verständnis, dass der Verlag dafür keine Haftung übernehmen kann. Über Hinweise, Berichtigungen und Ergänzungsvorschläge freuen wir uns jederzeit.

via reise verlag
Lehderstraße 16–19
13086 Berlin
post@viareise.de
www.viareise.de

© via reise verlag Klaus Scheddel
3. Auflage, Berlin 2019
Alle Rechte vorbehalten
ISBN 978-3-945983-72-0

Text & Recherche
Linda Heitmann

Redaktion
Kristina Becker

Layout
Kerstin Klupsch, Annelie Krupicka

Herstellung
Annelie Krupicka

Umschlaggestaltung
Annelie Krupicka

Druck
Ruksaldruck, Berlin

MIX
Papier aus verantwortungsvollen Quellen
FSC
www.fsc.org
FSC® C104247

Umschlagfoto vorn
Kinder im Park (Sunny studio/Shutterstock.com)

Umschlagfotos hinten (v. l. n. r.)
Elbstrand mit Segelschiff (Linda Heitmann); Kinder im Kletterwald (Kletterwald Hamburg); Kinderlektüre (Linda Heitmann); Badespaß (yanlev/Fotolia)

Fotos
Linda Heitmann, außer:
Bäderland Hamburg GmbH 41; Bernadette Grimmenstein/IBA Hamburg (zur Verfügung gestellt durch Bäderland Hamburg GmbH) 42; Bianca Jarske 112; Bonscheladen/Anke Maurer 59; by Graziela 155; cmnaumann/Fotolia 64–67; FLASHH boulder spot 53; Fotolia 134–135; Hamburger Dungeon 71; Hamburger Puppentheater 82; Hamburger Verkehrsverbund 137; Irina Schmidt/Fotolia 104; Junges Hotel Hamburg 147; Kara/Fotolia 95, 99; Kerstin Horbach 152; Kilimanschanzo e. V. 55; Kindertheater im Brakula/Tony Oxley 85; Kletterwald Hamburg 32–33, 49; Lina Gerke 130; M. Johannsen/Fotolia 142; Markus Scholz (zur Verfügung gestellt durch BSU Hamburg) 22; Michael Coester (zur Verfügung gestellt durch Fundus-Theater) 81; micromonkey/Fotolia 141; MinDof/Fotolia 124; Miniatur Wunderland 72; nito/Shutterstock.com 14–15; Olga Nikonowa/Shutterstock.com 44–45; Pixavril/Fotolia 149; R. Erler/Fotolia 127; STUDIO GRAND WEB/Fotolia 161; Sunny studio/Fotolia 38, 102–103; Theater für Kinder 68–69; Ulrich Hein-Wussow 8; WavebreakMediaMicro/Fotolia 86; Wildpark Schwarze Berge 26; yoolarts/Shutterstock.com 28–31